普天之下．盡是好書

普天出版家族
Popular Press Family

凌雲文創
A-Plus Creative Company

Be Human
by Wisdom

Thick Black Theory is a philosophical treatise written by Li Zongwu, a disgruntled politician and scholar born at the end of Qing dynasty. It was published in China in 1911, the year of the Xinhai revolution, when the Qing dynasty was overthrown.

做人要藏心

你必須知道的人性叢林生存法則

做事要留心

全新增訂版

德國哲學家康德曾說：

「舉凡愈卑鄙的人，愈會成爲演員，往往佯裝對他人尊敬、友善、謙虛與無私的樣子。」

在險惡的人性戰場上，我們的身邊充斥著坑人害人的小人，並非所有的眞話都可以毫無保留地說出，並非所有的計劃都可以讓對方知道。

如果你不懂得隱藏自己的心思，留心自己正在推動之事，那麼永遠都只會是人性戰場中的輸家，被小人玩弄於股掌之中。

我們所遭遇的人，可能誠實正直，但也可能陰險狡詐，就算摸清對方的性格與心理特質，也必須有所防範，才不會衍生料想不到的風險。

Thick Black Theory is a philosophical treatise written by Li Zongwu, a disgruntled politician and scholar born at the end of Qing dynasty. It was published in China in 1911, the year of the Xinhai revolution, when the Qing dynasty was overthrown.

王 渡 編

【出版序】

做人要藏心，做事要留心

•王 渡

不懂得厚著臉皮向你根本不屑一顧的人弓腰哈背，不懂得狠下心來消滅「敵人」，就會眼睜睜地看著成功跟自己擦身而過。

德國哲學家康德曾說：「舉凡愈卑鄙的人，愈會成為演員，往往佯裝對他人尊敬、友善、謙虛與無私的樣子。」

在險惡的人性戰場上，我們的身邊充斥著坑人害人的小人，並非所有的真話都可以毫無保留地說出，並非所有的計劃都可以讓對方知道。

如果你不懂得隱藏自己的心思，留心自己正在推動之事，那麼永遠都只會是人性戰場中的輸家，被有心人玩弄於股掌之中。

做人必須講究手腕，不可以過於直接，不知有所保留的人，往往會造成他人的困擾或讓自己受傷。至於做事，則不能感情用事，因爲激情萌生的古怪念頭，稍稍過量便會使判斷力出問題，使自己因爲失控，做出幼稚、膚淺的事。

感情用事大多不會有好結果，要做到不管是大順之時還是大逆之際，都不會讓別人摸清自己的思緒和情緒。

從西元一六○三年到一八六七年，長達二百六十五年，是日本「德川幕府」掌控政權的時代，「德川幕府」的開創者德川家康的一生充滿了傳奇性與戲劇性，堪稱是日本的厚黑教祖。

德川家康的性格是在十三、四歲時奠定的。那時他就下定決心要滅掉織田家，繼而奪取天下大權。爲了實現這個願望，他處處表現得謙虛與服從，讓別人以爲他是個沒有野心的人，甚至爲了取信織田信長而殺掉自己的妻子。

德川家康的作風，贏得織田信長的信任。像他這種後台不強硬的家族，以服從二字作爲自己的外交政策，是最明智之舉，德川家康一直都堅守這項原則，即使後來他成爲日本第二大勢力集團，對於支配他的人——豐臣秀吉，仍然表現得像綿羊一般溫馴，像狗一般忠實。

可是，等到豐臣秀吉一死，他就搖身一變，成了一個詭譎多詐的政客。德川家康以服從爲手段，藉此取得別人的信任，這種僞裝的功力竟維持了五十年之久，實在令人感到不可思議。

一個人若是太過老實，往往就會被認爲不具威脅性。德川家康一直假裝老實，所以織田信長誤認爲他很好利用，無論什麼事都支使德川家康去做。然而，另一位名將武田信玄卻戒心大起，並告訴他的部下，一個人看似膽小老實的人必定隱藏著自己的智慧和實力，對任何一件事都會預先做好周密的計劃與防備。

德川家康有一項別人沒有的特殊本領，就是縱使心情起伏如何劇烈，也絕不會輕易地流露出來，從未隨意向部屬們動怒、懲罰。

他面對極端厭惡的人，能把嫌惡之情深深隱藏起來，與對方見面時，仍然裝出十分親善的表情，禮貌且誠摯地問候對方。

德川家康覺得爽快的性格太過膚淺，奸詐、狡猾、多變的個性才會讓人傾迷。他認爲，一個人心裡的眞正感受一定要加以掩飾，否則自己的心意豈不全被對方猜透。

老實與怯懦只是德川家康的僞裝，事實上，他的腦筋靈活，反應快速，只是從不表現出來，藉以讓人失去防備。

亞里斯多德曾說：「人在最完美的時候，似乎是動物中的佼佼者，但是，當他為了一己之私的時候，便是動物中最差勁的東西。」

正因爲如此，想在競爭激烈的現實社會存活，想在人性戰場上克敵制勝，就必須懂得懂得「做人藏心，做事留心」的道理，才不會老是淪爲被人坑騙、欺詐的對象。

聰明而又謹愼的人總是能夠保持自我控制的能力，絕不會輕易受到情緒的制約。從德川家康的處世謀略與後來的際遇不難知道，做人做事若總是感情用事，只想逞一時之快在嘴上討便宜，喜怒外形於色，實是人生最大的忌諱，這樣的人根本成就不了大事。

出版序　做人要藏心，做事要留心　•王渡

PART1 不要太早亮出自己的底牌

並非所有真相都能公諸於世。衝動是洩露秘密的主因，最高明的智慧就是掩飾，亮出自己底牌的人可能會全盤皆輸。

動輒生氣，就成不了大器　018
忍一時之氣，處事更順利　021
處處露鋒芒，容易自取滅亡　024
不要太早亮出自己的底牌　028
面對無理取鬧，要有破解技巧　031
冷靜處理，才能順利達到目的　035
對準雞喉痛快下手　040
愛現，就讓他丟人現眼　043

PART 2

鋒芒畢露，最容易招人嫉妒

若事事都想極力表現自己，鋒芒過於外露，就不會有好的結局。為了避免招來不必要的禍端，切記不要過分顯露自己的才華。

處於劣勢，就要改變行為模式 048

不要相信虛情假意的朋友 051

深藏不露，不讓別人窺出意圖 055

鋒芒太露，只會傷人害己 060

不露真本事，靜觀風雲變幻 067

尋找適合自己的獨特競爭手段 072

鋒芒畢露，最容易招人嫉妒 075

做人不要太自以為是 081

PART 3

藏不住心思，往往得不償失

津津樂道，逞口舌之能，並不是件好事。因此，有「心」人都會慎言畏出，緘默守聲，不隨意表達自己的心聲和對外界事物及其他人的看法。

不要隨意表達自己的想法 088
管好嘴巴，不該說的不要亂說 092
摸清對方的心思，才能萬無一失 097
不該聰明的時候，就要裝糊塗 102
讓心事爛在肚裡才是明智之舉 105
靈活多變，見什麼人上什麼菜 109
面對兩難問題，要學會含糊其詞 114
藏不住心思，往往得不償失 120

PART 4

如何防範身邊的小人

善於掌握壞人的行為軌跡，學會掌控惡人，馴服他、操縱他和防止被他陷害，這才是對付惡人的最高境界。

小心提防善於「變臉」的人 126
要謹言慎行，將聰明用在行動上 132
想受人崇拜，要先有內在 136
小心最賞識的人背叛你 139
如果你的朋友變成了你的敵人 142
如何防範身邊的小人 146
製造假訊息讓對手深信不疑 150
太過高傲，只會招來失敗 154

PART5

欺騙對手也是一種有效手段

不管是什麼形式的角力，只要能靈活而生動地體會和運用這些攻守法則，你就能成為最後勝出的人。

敵人可能藏身在朋友中 160
欺騙對手也是一種有效手段 163
逞強，只會落得悲慘下場 167
千萬不要和小人結仇 171
在競爭中要提防諜報活 175
要面子，也要顧銀子 180
死纏爛打也是求勝的方法 184
製造輿論達成自己的目的 188

PART 6

在關鍵時刻做最正確的取捨

對待身外之物應該抱持著「難捨能捨，難得能得」的態度，若不勇於捨棄，便無法得到我們想要的成果，不是嗎？

沒有信用，就得不到敬重 192
留心那些過河拆橋的人 196
在關鍵時刻做最正確的取捨 200
對牛彈琴注定沒有效用 205
逆來順受，只會讓自己更難過 209
守住秘密，才能贏得勝利 213
懂得謙虛，成就才能繼續 217
損人不利己，不如充實自己 222
勇敢發出不一樣的聲音 227

PART7

適可而止，就不會畫蛇添足

並不是增添無謂的東西就能展現自己的才氣，懂得適可而止、恰到好處的價值，才能體現出我們應有的見識與水準。

厚植實力，才能發揮威力 232
鋒芒不露，方能化險為夷 237
對得起良心，才能讓人放心 241
自恃資深，小心被後浪打沉 245
誇大渲染，尋常事也會變傳奇 249
適可而止，就不會畫蛇添足 254
用謹慎揭穿謊言的矛盾 259
摀上耳朵，就以為別人聽不到？ 264
背叛盟友，等於背叛自己 269

PART 8

先釜底抽薪，再趁火打劫

找到與對方利益緊密相連的另一方，使出釜底抽薪的手段，設法造成威協對方的態勢，使談判產生轉機，然後再趁火打劫，使對方屈服於自己提出的條件。

轉移注意力是一種巧妙的偽裝 276
做個聰明的老實人 279
製造玄機就能化解危機 283
不拘小節，人才才會鞠躬盡瘁 287
做人千萬不要強出頭 291
如何讓別人為自己賣命 295
先釜底抽薪，再趁火打劫 299
善用環境的特殊催化力量 302
讓自己的晉升之路暢通無阻 306

PART 9

沉得住氣，才能獲得勝利

在具體的政治和商業活動中，領導者應主動地、自覺地引用「以逸待勞」的戰法，要多動腦筋，沉得住氣，不應浮躁從事。

找出癥結，問題就能順利解決 312
對心腹大患不能手軟 316
以智取勝，才是真正的領導高手 320
注意，敵人的刀槍不長眼睛 324
用心，才能得到別人的關心 328
正視別人渴望獲得尊重的心理 331
沉得住氣，才能獲得勝利 335
如何表現自己最有利？ 339
變質的讚美顯得虛偽 343

PART 10

弄不清真相，就會吃虧上當

就是因為人們不求甚解，一廂情願地相信一些神棍、騙子的話，才會到了科學昌明的現在，還是有那麼多人上當。

及時雨才能解燃眉之急 348
弄不清真相，就會吃虧上當 352
嫉妒惡果易使人失去自我 356
道德的教化比法律更具力量 360
失去，也是一種必然的人生經驗 364
有好的糧食才能養成良馬 368
以為高人一等，無法讓人賣命 372
嘲笑別人之前先看看自己 376

01

不要太早亮出自己的底牌

並非所有真相都能公諸於世。衝動是洩露秘密的主因，最高明的智慧就是掩飾，亮出自己底牌的人可能會全盤皆輸。

動輒生氣，就成不了大器

無寬容之心不但很難成大器，遺憾的是，現實生活中卻有許多沒事找事做的蠢人。

莎士比亞是一個懂得寬待別人的人，他說：「不要因為你的敵人而燃起一把怒火，熾熱得燒傷你自己。」

當我們因爲仇人而燃起熊熊怒火時，等於給他們打擊我們的力量。那力量能夠妨礙我們的睡眠、我們的胃口、我們的血壓、我們的健康和我們的快樂。要是我們的仇人知道他們如何令我們擔心、令我們苦惱、令我們一心報復，一定會高興得跳起舞來。我們心中的恨意完全不能傷害到他們，卻會使我們的生活變得像

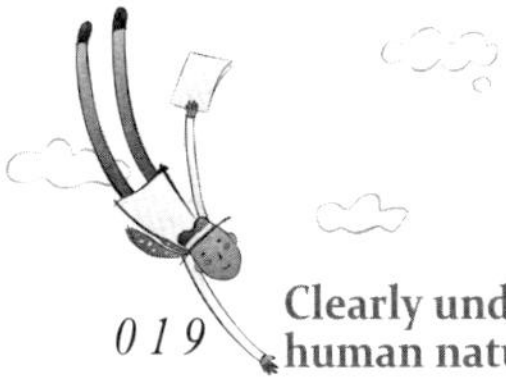

地獄一般。

「要是自私的人想佔你的便宜，不要去理會他們，更不要想去報復。當你想跟他討回公道的時候，你傷害自己的，比傷到那傢伙的更多。」

或許你會覺得這段話聽起來好像是某個大聖人說的，其實不然，這是密爾瓦基警局發出的通告。

許多人不明白，報復對方怎麼會傷害到自己呢？殊不知，傷害的地方可多了，根據心理學家說，報復甚至會損害你的健康。

心理學家指出：「高血壓患者最主要的特徵就是容易憤怒，如果憤怒不止，長期性的疾病如高血壓和心臟病等，就會隨之而來。」

某個晚上，萊恩進入一家酒吧。這家酒吧規定，顧客入場前應領取一張入場券，如果遺失，必須付五美元。

萊恩未見到該項通告，進入酒吧後並沒有吃喝什麼東西，只不過與朋友談了一會話。離開時，酒吧服務員要他出示入場券，他拿不出，服務員要他付款五美元，他拒絕，雙方為此發生爭吵，後來鬧到法院。

由於雙方都不讓步，展開了一場曠日持久的法律戰，這場五美元官司歷時十二年，應付訴訟費和其他費用累積達十六．五萬美元。

無寬容之心不但很難成大器，鬧出像上面這樣的笑話來，也是令人覺得可笑的事。遺憾的是，現實生活中卻有許多像萊恩一樣沒事找事做的蠢人。

懂得寬容之道的人一定是充滿理智、腦袋靈活，知道輕重的聰明人，正如美國歷史學家房龍所言：「寬容這個詞就是一個奢侈品，購買它的人只會是智力非常發達的人。」

人生這麼短暫，爲什麼還要把有限的生命耗費在無謂的糾紛中呢？

動輒生氣，就成不了大器；仔細想想就會明瞭寬容比苛刻好，釋怨比結仇好，合作比賴皮好，創造比破壞好！

忍一時之氣，處事更順利

有機會為自己報仇、整治敵對手時，應該把它變為慷慨之舉，這種出人意料的寬廣胸襟，是最高明的駕馭之道。

人際關係中，要對他人的任何舉動釋放出相當的尊重，雖然有時難免會受氣或感到委屈，但是如果因爲自己的忍耐，最終的局勢能使雙方都受益，甚至由自己主導全局，不也是一種勝利嗎？

法國哲學家盧梭曾說：「忍耐是痛苦的，但它的結果是甜蜜的。」爲了獲得「甜蜜」的果實，學會忍讓是值得的。

當我們遭遇困難時，往往要靠許多人幫助才能度過難關。如果你能讓有錢的出錢，有力的出力，有情報提供給情報，有智慧者傳授要訣，如此結合群力，發揮莫大的威力，那麼暫時委屈自己也是值得的。

本田汽車的創建者本田宗一郎曾經這麼說：「一個人讀一本書很辛苦，但是聽讀過一百本書的人說話，跟他求教，就能得到許多知識。如果你虛心求教，對方一定會很高興地告訴你許多人需要的東西。」

一個人憑著自己的才智與知識固然可以完成許多事情，但如果想要做龐大的工作，就非得集思廣益、借助群力不可。

《水滸傳》裡的宋江就深明這個道理，他要收服人心，便先給人下跪，然後又是讓位，又是表白，又是惺惺相惜，直到「折殺」那些猛將，死心塌地爲他賣命爲止。他不見得對那些人都喜歡和賞識，而是出於壯大實力的需要，才包容了全部可招至旗下的好漢。

在第二次世界大戰期間，美國總統杜魯門到威爾島與麥克阿瑟將軍會見。

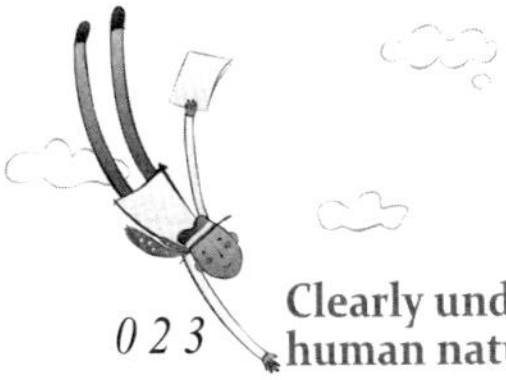

麥克阿瑟是個高傲的將軍，當部長先出現時，他坐在車裡沒下車，後來總統到達時也不行禮。

他的高傲態度大家都看到了，眾人猜想杜魯門必定會感到難堪。沒想到，杜魯門卻顯得若無其事，主動伸出手來與他握手。

事後有人問杜魯門當時有何看法。他說：「我當時感到遺憾，因為我知道那意味著日後與他打交道將會遇到麻煩，但是我沒有計較。」

顯然，杜魯門此刻的言行十分明智，就他的地位而言，對於手下將軍失禮的行為計較一番也無可非議，但他卻選擇了忍讓，巧妙迴避了因為過於計較可能造成的對立，影響日後的交流、溝通。

忍一時之氣，處事會更加順利，杜魯門總統的忍讓，不論對麥克阿瑟，或是他本人，甚至是全國人民來說，都是最好的選擇。

相同的，有機會爲自己報仇、整治敵對手時，應該把它變爲慷慨之舉，這種出人意料的寬廣胸襟，無疑是最高明的駕馭之道。

處處露鋒芒，容易自取滅亡

嶄露鋒芒雖然是正常的行為，但應該認清形勢，把自己的位置擺對才能自我保護，心直口快往往會陷自己於不利之地。

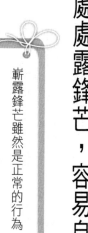

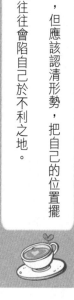

每個人都有自己的時運，要掌握在自己的時運，就要懂得「做人要藏心，做事要留心」的道理，保持冷靜、清醒的頭腦才足以成事。耐心等待自己時來運轉，絕對不要輕舉妄動。如果時機尚未成熟，就急躁地想要表現自己的能力，只會讓自己陷入麻煩不斷的困境。

美國名將巴頓心中毫無城府，有話就說的個性，不但經常使上司頗為難堪，自己也得罪了不少人，被同事們稱為「和平時期的戰爭販子」。

一九二五年，巴頓到夏威夷的斯科菲爾德軍營擔任師部的一級參謀，一年之後升為三級參謀。

巴頓的工作主要是負責對戰術問題和部隊的訓練提出建議並進行檢查，但卻經常越權行事。一九二六年十一月中旬，他觀看了第二十二旅的演習，對這次演習非常不滿，直接向旅指揮官遞交一份措辭激烈的意見書。

他的這種做法是不合紀律的，因為他只是一名少校，無權指責指揮官。這樣一來，他便惹來上司的非議和怨恨。

但是，心直口快的巴頓並未記取教訓。一九二七年三月，在觀看了一場營級戰術演習之後，他又一次大動肝火，嚴詞指責營指揮官和其他人員訓練無素、準備不足，導致演習沒有達到預定的目的。

雖然這次他很明智地請師司令部副官代替師長簽了名，但其他軍官心理很清楚，這又是巴頓搞的鬼，所以聯合起來一致聲討巴頓。

眾怒難犯，師長沒有辦法，只好把這位愛放話的參謀從三級參謀的位置上撤下來，降到二級。

巴頓將軍的這段往事說明了，一個人即使是天才，如果絲毫不懂收斂，也很難在社會上立足，而且還有可能會招來厄運。

爲人處事雖然必須坦蕩正直，但是對外的言行要有所保留，否則不足以立足於渾濁的塵世。

做人要深沉厚重，像冰山一樣只露出一角，讓人摸不透你的心思，如此不但自保無虞，而且具有強大的威懾力。

心裡眞正要做的事不要說出口，讓人無法掌握、透視你的所作所爲，才能於詭詐多變的社會中屹立不搖。

聰明人如果想得到尊敬，就不應該讓人看出你有多大的智慧和才華。要讓別人知道你這號人物，但不要讓他們了解你，沒有人看得出你天才的極限，也就沒有人會感到輕蔑。

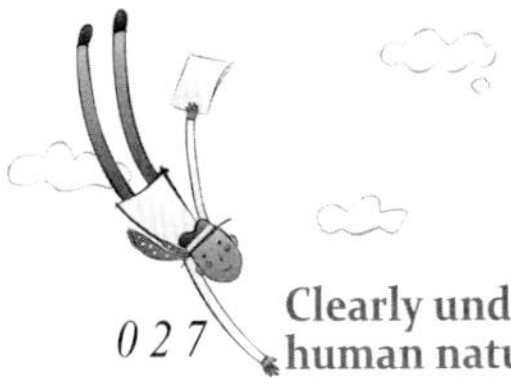

讓別人猜測你，甚至懷疑你的才能，要比顯示自己的才能更能獲得崇拜。要不斷地培養他人對你的期望，不要一開始就展示你的全部能力，隱藏力量和知識的訣竅是要胸有城府。

當別人侮辱自己的時候，要能穩住自己的情緒，不要覺得自己丟了臉、失了面子，就立刻火冒三丈、惱羞成怒。

抱著「人不犯我，我不犯人；人若犯我，我必犯人」的心理破口大罵，非要把面子爭回來不可，根本無益於自己。面對這種情況時，首先得心平氣和地接受這個事實，日後再想辦法連本帶利討回來。

嶄露鋒芒雖然是正常的行爲，但應該認清形勢，把自己的位置擺對才能自我保護，心直口快往往會陷自己於不利之地。

不要太早亮出自己的底牌

並非所有真相都能公諸於世。衝動是洩露秘密的主因，最高明的智慧就是掩飾，亮出自己底牌的人可能會全盤皆輸。

爲人處世應設法保持自己的神秘感，過早亮出自己的底牌，便會讓別人有機會按牌進攻，贏的機會就大爲降低。

不論得意、失意，都得城府深沉，不要讓底牌曝光。

在複雜的人際社會，能夠守口如瓶的人，往往能夠左右逢源，也容易向上竄升，因爲這樣的人是深謀遠慮的。

大公司因爲人多口雜，難免會有爭權奪利、勾心鬥角的事情發生。正因爲有許多人善於鑽營奔走、挑撥離間，每遇公司有人事上升遷調動的機會時，不僅流言滿天飛，同事見面也是言不由衷，彼此尷尬萬分。

何以會有這種情形發生？當然是有人洩露了人事機密，並且加油添醋，挑撥離間，試圖從中破壞。如果你是上級賞識的人，遇到升遷的機會時，上司必定會召見你，對你的工作、生活……等垂詢慰勉，此時不管上司是否做出具體的承諾，都一定要守口如瓶，裝得若無其事，不要透露一點口風。能做到這個境界，才是能夠成就大事的人。

日本前首相佐藤榮作就是一個能夠嚴守秘密的人。當年他擔任運輸省次官時，吉田藏邀請他出任內閣官房長官。他按照手續向運輸大臣提出辭呈，隻字不提自己被內定爲官房長官的事，甚至對自己的妻子也閉口不談。

這種性格深爲吉田藏賞識，最後佐藤榮作終於登上首相寶座，成爲日本戰後在位最久的首相。

要做到嚴守底牌，最好辦法是以不變應萬變，對於傳言置之不理。若是你的地位重要到能夠引起人們的期待心理，就更該低調行事。

進行重大計劃時更要適時製造煙幕保護自己，不要讓人把你裡裡外外一覽無遺，要小心謹慎不要讓計劃提前曝光。你要做的事一旦被有心人披露，就很難順利進行，反倒常常招致批評。萬一進度、結果不佳，更易遭到雙倍的壓力。

另外，切記不要向外人抱怨訴苦，喜歡惡意中傷的人總是瞄準你的痛處或弱點。表現出心灰意冷的樣子，只會惹來別人取笑，心懷惡意的傢伙更是想方設法惹你生氣，想盡辦法刺痛你的傷口。

聰明人應當對不懷好意的人置之不理，並且深藏起個人的煩惱或家庭的憂慮，因爲命運的女神最喜歡對準人的痛處下手，所以無論是醜事或好消息，都應深藏不露，以免消息不脛而走，導致即將到手的成功煙消雲散。

吐露眞言需要極高的技巧，並非所有眞相都能公諸於世。衝動是洩露秘密的主因，最高明的智慧就是掩飾，亮出自己底牌的人可能會全盤皆輸。

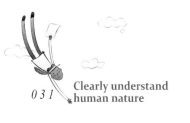

面對無理取鬧，要有破解技巧

人生時常會碰到一些無理取鬧的人或事，面對不同的難題，有不同的破解技巧，只要能掌握要訣，必將無往不利。

生活中時常會遇到莫名其妙的難題，要從容應付這些情形非得有兩把刷子不可。無論是事出有因或無理取鬧，都必須找出原因，對症下藥。有些難題是彼此之間產生心結導致的，這種狀況可以透過開誠佈公的溝通加以解決。

約翰和漢克在同一個單位工作，是很要好的朋友，經常相約打網球。最近漢

克升職，成了約翰的頂頭上司。

本來這是一件喜事，然而在分派工作給約翰時，漢克卻陷入兩難。工作稍微複雜了一些，約翰就抱怨漢克有意難為；工作稍微簡單些，約翰又抱怨漢克不承認他的工作能力。

這究竟是怎麼回事呢？

原來，漢克晉升後，一直沒有和約翰打網球，約翰就認為漢克升官之後瞧不起以前的朋友。漢克了解這個情況後，趕緊向約翰解釋，沒打網球是因為對於新職情況仍不熟悉，一切以工作為主，絕沒有忘記老朋友的意思。

聽了漢克的解釋，約翰才不再介懷。

這種有原因的問題比較容易解決，但有時候，根本找不出對方無理取鬧的原因，那麼不如乾脆置之不理，只要認眞做好自己分內的事就好。

有一個企業的某部門員工，大部分是做了十年以上的老手，有一次突然空降

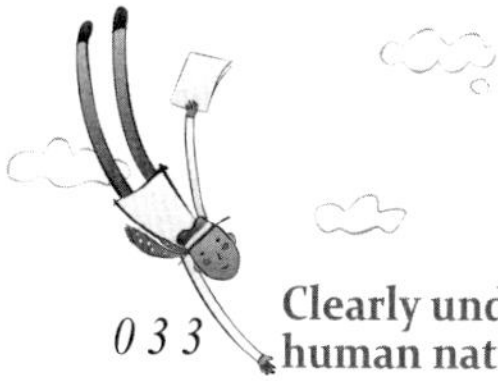

一位剛畢業不久的人當主管。老手都很瞧不起這個年輕主管，認為他「嘴上無毛，辦事不牢」。

如果主管徵求他們的意見，他們就會說：「畢竟是年輕人，沒經驗，缺能力。」如果沒徵求他們的意見，他們又說：「這麼年輕就自以為是！」

要駁斥老同事的酸言酸語很容易，但是這位年輕的主管並沒有這樣做，只是不動聲色地全心投入工作。一段時間後，這個部門的績效明顯提高，老人們看在眼裡，不得不由衷讚嘆道：「後生可畏。」

如果觸及不論怎麼回答答案都不對，或是都會得罪人的問題時，乾脆不要作答，把問題丟回去給對方。

有兩人競爭經理職位，彼此誰也不服誰。

有一天，甲問乙：「如果任職期間，你最親密的部下犯了嚴重的錯誤，比如做非法買賣，事件曝光之前，你會知道嗎？」

乙如果回答「知道」，顯然有包庇縱容之過；如果回答「不知道」，又有用人不當、察人不明之過。

面對這個兩難的問題，乙靈機一動，反問甲：「當你處於這種情況時，你會如何解決呢？」

甲只好趕緊岔開話題。

人生時常會碰到一些無理取鬧的人或事，面對不同的難題，有不同的破解技巧，只要能掌握要訣，爲人處世必將無往不利。

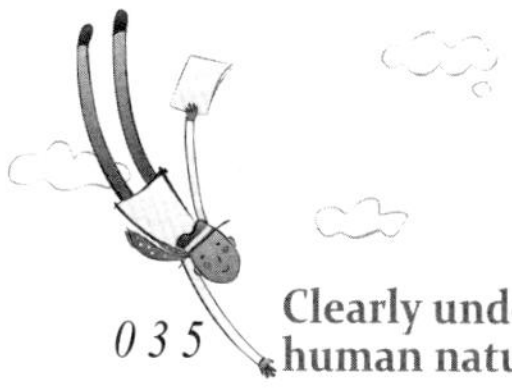

冷靜處理，才能順利達到目的

為人處世，遇到衝突是不可避免的，此時唯有待一時激憤的情緒冷卻，冷靜處理所有紛爭，才能順利達到預期的目的。

在錯綜複雜的社會行走，當情緒蓋過理智的時候，難免會與人發生衝突。若是不小心與人產生矛盾的時候，必須要求自己冷靜下來，不要急著馬上處理，或是意圖爭出誰是誰，必須等到雙方的火氣稍微消弭，心平氣和一些時，再進行下一步處理。

唯有如此，才能夠妥善解決人際關係中的許多衝突，有效化解矛盾，實現與人交往的最終目的——互助互利。

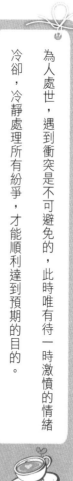

矛盾衝突通常是雙方處於情緒激動的狀況下造成的，由於激動，說話、做事往往容易失去控制，此時想用理智戰勝情感，絕大部分人很難做到。但是，過了一段時間沉澱，等激動的情緒冷卻後，多數人就會恢復應有的理智。

某個部門的一位職員因為內部人事任免的一些問題，和部長發生了爭執。那位職員一時氣憤，直指著部長的鼻子破口大罵。

面對此情況，部長決定暫時不跟他爭辯，等他冷靜以後再談。幾天之後，那位職員對新同事有了進一步的認識，後悔、內疚的心情油然而生，終於主動找部長承認自己過於衝動犯下錯誤，使事情得以順利解決。

這個衝突能夠和平落幕，歸功於部長不在當下急著與職員爭辯，採取讓情緒冷卻的方法，才得以化干戈爲玉帛。

面對興師問罪而來的一方，一味硬碰硬，只會使場面混亂、火爆，造成兩敗俱傷的結局。使用「冷處理」的方式，不僅可以降溫，還可以滅火。

從心理學的角度來說，與人發生衝突時，顯得特別凶狠、音量特別大聲的人，往往是因爲害怕痛處被人發現。

面對這種色厲內荏的人，不必和他一般見識，不妨採取「冷處理」的方式，使他現出眞實面目，然後找出他的痛處作爲突破口，一舉擊敗對方。

一位稅務人員接到舉報，調查一家涉嫌逃漏稅的商店。當稅務人員開口詢問有關情況，老闆不僅大聲指責稅務人員毫無實證，並大罵同行嫉妒他、誣陷他，彷彿是稅務人員沒事找碴，活該被他數落似的。

這位稅務人員從豐富的工作經驗明瞭，越是這種破口大罵的人越有問題，於是選擇不與他正面衝突，只淡淡丟下一句：「是這樣嗎？過幾天我們派幾個人過來調查，再做結論。」

店家老闆聽了這話雖然故作鎮定，但是稅務人員已經明顯看出了他害怕被調查，便暗中觀察他的一舉一動。經過調查，果真查出漏稅的證據，商店老闆只得乖乖補稅。

如果稅務人員當時和老闆針鋒相對，難保最終不會落入老闆的圈套，模糊了問題的焦點。

某公司的經理處理一起顧客投訴案：售貨員以自己私下買進的B級服飾混進高級服飾內銷售，坑害顧客。

當經理到櫃台前詢問此事時，售貨員卻反咬一口，大罵投訴的顧客血口噴人。經理見狀，知道當著眾多顧客和他理論，根本調查不出結果，只會損害公司的商譽，於是約他下班後到辦公室面談。

當這位售貨員見到經理桌上放著的衣服、他親手開具的票據和顧客的陳述資料時，原先設計好的一切說詞全崩解了。

經理待他看完這些資料後問他：「關於這件事的後果，我們已再三叮嚀告誡，今天也用不著再多說了，你自己看怎麼辦？」

售貨員經過一番思索後，表示願意立即登門賠禮道歉，退還購買服裝的錢，

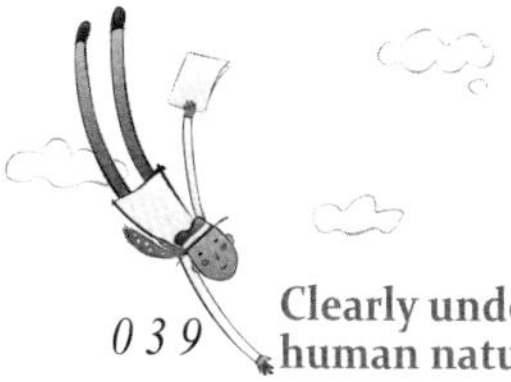

清除其他非法引進櫃台的私貨。經理又要求他在商場門前貼出告示，讓其他的受害者來退貨領款，並罰款二萬元，行政上還將給予警告處分。這些處分在毫無反對意見的情況下通過了。

很多時候衝突是不可避免的，唯有待一時激憤的情緒冷卻，冷靜處理所有紛爭，才能順利達到預期的目的。

人際應對就像一把雙面刃，做人做事的各項技巧掌握得好，不愁做事得不到成效。不管做什麼事，一定要講究策略和技巧，如果你不願多花點心思琢磨，老是直來直往，必然會陷入各種無法預知的陷阱和困境之中。

對準雞喉痛快下手

抓住高傲公雞的雞頭，對準要害攻擊，利用對方的弱點將他制服，這種招式往往成效極佳。

世界上沒有一個人是十全十美的，難免都有自己的弱點，但通常傲氣滿盈的人都不容易發現自己的弱點，因此，一旦別人抓住他的弱點加以攻擊，就會讓原本高高在上的他清楚看到自己的弱點，瞬間像洩氣的皮球。

日本明治維新時期，英國駐日大使巴克斯是個傲氣十足的人，與日本外務大臣寺島宗常和陸軍大臣西鄉隆盛進行會談時，經常表現出對他們不屑一顧的神態，並且還不時嘲諷寺島宗常和西鄉隆盛。

巴克斯有個習慣，每當碰到棘手的問題時，總喜歡說一句：「等我和法國公使討論之後再回答。」

寺島宗常和西鄉隆盛都發現了他這個習慣，經過一番商量之後，決定逮住這句話攻擊巴克斯，希望能讓他改變這種傲氣十足的行徑。

有天，西鄉隆盛故意問巴克斯：「我很冒昧地向你請教一件事，英國到底是不是法國的屬國呢？」

巴克斯聽了之後立即挺起胸膛，傲慢地回答：「你這種說法真是太荒唐了！你既然身為日本陸軍大臣，就完全應該知道英國絕非法國的屬國，英國是世界最強大的君主立憲國家！」

西鄉隆盛冷靜地回答說：「我以前也認為英國是個強大的主權獨立國家，但現在我卻不這麼認為。」

巴克斯憤怒地質問道：「為什麼？」

西鄉隆盛從容地微笑著說：「其實也沒有什麼特別的原因，只是因為每當我們代表政府和你談論國際上的事務時，你總說要等你和法國公使討論之後再答覆。如果英國是個獨立國家，為什麼要看法國的臉色行事呢？這麼看來，英國不是法國的附屬國又是什麼呢？」

傲氣十足的巴克斯被西鄉隆盛這一番話問得啞口無言。從此以後討論問題時，巴克斯再也不敢傲氣凌人。

西鄉隆盛抓住對方不經意表現出來的習慣，運用智慧巧妙展開攻勢，這就像是抓住高傲公雞的雞頭，對準脖子上的要害處攻擊。利用對方的弱點將他制服，這種招式往往成效極佳。

不論交涉、談判，或是處理人與人之間的複雜關係，其實都像行軍作戰一樣，要保持冷靜的思維，先摸清對方的性格與心理特質，然後及時展現自己的處世智慧與應變能力。不管面對什麼人、面對什麼情況，都要事先做好充分準備，全力功擊對方的弱點。

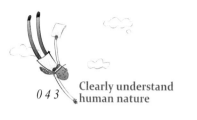

愛現，就讓他丟人現眼

藉著巧設難題抑制對方的傲氣，設下的難題一定要是對方無法回答的，才能揭示對方的無知，挫弱他的傲氣。

有些人自恃知識豐富，閱歷廣泛，因而目空一切，打從心底瞧不起別人，時常表現出一股不可一世的傲氣，而且一有機會就想賣弄才學。

想對付這種滿臉傲氣的人，其實只要巧妙地設置一個難題，就可以抑制他的傲氣。因爲，不管他的知識多麼豐富，閱歷多麼廣泛，在這個大千世界裡，所知仍然只是九牛一毛，只要讓他發現自己事實上也存在著知識上的缺陷，那份傲氣自然就會瞬間消散。

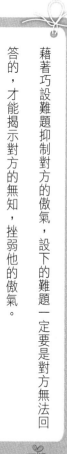

在一次國際會議期間，一位西方外交官非常傲慢地對中國代表提出一個問題：「閣下在西方停留了一段時間，不知是否對西方有了更多開明的認識。」很顯然地，這位西方外交官以傲慢的態度嘲笑中國代表的無知。

中國代表淡然一笑回答道：「我從二十年前開始就在巴黎接受高等教育，對西方的了解可能與在座的各位相差不了太多。不過，我想請問您，您對東方又有多少程度的了解呢？」

對於中國代表突如其來的提問，讓那位外交官茫然不知所措，瞬間滿臉窘態，傲氣蕩然無存。

中國代表提出的問題，那位自以爲知識豐富而滿身傲氣的外交官自然無法回答，因爲他對於東方的情況一無所知，因此不但沒有因爲高傲無禮的質問展現自己豐富的知識，反而曝露自己的無知，當然就像鬥敗的公雞，不可能繼續存在著傲氣。

整治愛現的人，最有效的辦法就是讓他丟人現眼，殺殺他的威風。

無疑地，如果希望藉著巧設難題抑制對方的傲氣，設下的難題一定要是對方無法回答的，唯有如此才能揭示對方的無知與缺陷，挫弱他的傲氣。

如果設置的問題對方能夠輕鬆對答，那麼不僅無法達到目的，反而會更加助長傲氣，使自己陷入更加難堪的處境當中。

此外，必須注意的是，運用這種方法對付高傲的人，目的是爲了改變影響人際關係的不正常因素，促使對方以正常的態度與人交往。因此，運用這些方法之時，一定要抱著「與人爲善」的心態，當對方丟人現眼的時候，切記不可以乘勝追擊，出言嘲諷、譏笑，甚至侮辱他人的人格，否則就會與原本的目的背道而馳。

02

鋒芒畢露，最容易招人嫉妒

若事事都想極力表現自己，鋒芒過於外露，就不會有好的結局。為了避免招來不必要的禍端，切記不要過分顯露自己的才華。

處於劣勢，就要改變行為模式

固定的行為模式，很容易讓人掌握你的套路，想出人頭地，就要善於變化，經常出其不意地改變自己的行事方法。

人生就如同一場戰爭，人總是透過各種跡象，判斷和瞭解對手行動背後的動機，一旦你做出超乎常理的行動，使競爭對手無法理解你的眞正意圖，就會讓對方感到困惑，落居守勢。

所以，爲了不洩漏行動的目的，最好的方法就是讓自己變得高深莫測，使對手摸不著頭緒。

美國南北戰爭期間，湯瑪斯·傑克森是南軍將領，他所率領的一支由四千六百人組成的部隊，讓扼守申南多河谷的北軍頭痛不已。北軍將領喬治·麥克萊倫率領了九萬士兵，卻對他們一點辦法都沒有。

就在北軍準備圍攻南方政府首都里奇蒙的時候，按常理說，南軍必定會採取一些反制行動，但是傑克森對於北軍的行動卻不予理會，只是在申南多河谷打一槍換一個地方。

傑克森的這個舉措著實令北方將領迷惑不解，麥克萊倫因此延遲了進攻里奇蒙的時間。然而，就在北方將領極力想弄清楚傑克森真實動機的期間，南軍的援軍已趕到了，南方首都陷落的危險也因此解除。

每當傑克森面對兵力佔優勢的軍隊時，就經常會使用這套戰術。因為，不合常理的事情總是能讓人大吃一驚，往往能夠以少勝多，以弱勝強。

西方大智者葛拉西安說：「不斷地改變你的方式方法，這會迷惑人們，尤其是迷惑你的對手，激起他們的好奇心，分散他們的注意力，如果你總是按照你的第一個念頭行事，久之別人就會預知你的行為模式，從而加以挫敗。」

處於劣勢的人如果能夠充分利用這種策略，將會產生意想不到的效果。尤其是自己處於弱勢、寡不敵眾的時候，就更應該讓自己的行爲變得難以預測，這樣往往可以誤導對手，讓他以爲你另有企圖，從而產生錯誤判斷。

突變與不可測最讓人擔憂，正因爲在預料之外，常常困擾人心。使自己變得不可預測，主要能發揮兩方面的功用：

其一，它是令人畏懼的武器，那些企圖危害你的人會心存忌憚。

其二，它可以讓你周圍的人對你更感興趣。他們會時常關注你，對你的言論和行爲做各種猜測和解釋。你在他們心中的分量就會加重，同時會擴大影響力。

固定的行爲模式，很容易讓人掌握你的套路，若想出人頭地，就要善於變化，經常出其不意改變自己的行事方法，讓自己顯得高深莫測。

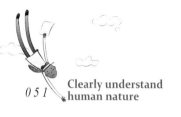

不要相信虛情假意的朋友

雖然對人要講誠信是做人的基本準則，但在日益複雜的社會環境下，即使是親近的朋友，也一定要保持警惕，以免發生不測。

隨著經濟活動擴大，社會交往增多，個人輻射範圍加大，我們結識的人越來越多，「朋友」的定義也越來越模糊。

在這個眾人爭當掘金客的時代，在這個個體意識代替集體意識，存在意識代替理想意識，金錢意識代替事業意識的年代，我們不可不多加提防，尤其對所謂的知己朋友。

戰國時代，為了討好楚國，魏王將一位絕色美人送給楚懷王。魏國美女來到楚國，相當受到寵愛。楚懷王的夫人鄭袖見狀，也表現出十分喜歡魏國美人的樣子，十分照顧她。

楚懷王因此而稱讚鄭袖沒有女人常有的嫉妒心，魏國美人也把鄭袖視為知己，對她言聽計從。

某天，鄭袖很親切地對這位美人說：「大王很喜歡妳，只是不喜歡見到妳那不夠漂亮的鼻子。為了使大王更高興，以後見到他，妳最好把鼻子遮掩起來，那就盡善盡美了。」

魏國美人聞言，不加思索地依鄭袖的建議而行。不久之後，楚懷王就犯疑了。楚懷王想到鄭袖和魏國美人十分相好，就向鄭袖探詢魏國美人為什麼每次見到他總要遮鼻子。

鄭袖先是以不好直說來作託辭，將楚懷王的好奇心吊起之後，才故作神秘地說：「那是因為魏國美人討厭聞到你的口臭啊！」

頭腦簡單而又脾氣暴躁的楚懷王，聞言勃然大怒，喝令手下馬上去處死那位

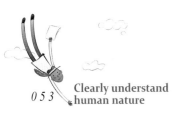

魏國美人。

鄭袖眞是笑裡藏刀的代表，神不知鬼不覺地挑起了楚懷王的殺機，借他的手，將不明就裡的魏國美人除掉。魏國美人臨死之前，說不定還感激她的種種虛情假意呢。

這個故事充分說明了：難防在施恩外表下所隱藏的干戈，難逃在歡樂場面中所隱藏的陷阱。

在這個複雜多變的社會中，什麼事都可能隨時發生，生性善良、心思單純的人不能不提高警惕。遇人要懂得藏心，遇事更要認眞動腦筋，切莫疏忽大意，應時刻牢記「防人之心不可無」。

《水滸傳》裡，林沖被逼上梁山，固然是以高俅、高衙內爲首的惡勢力脅迫所致，但在迫害的過程中，林沖的「知己摯友」陸謙，也扮演著特殊作用。

正是他，哄騙了林沖的夫人，使她險遭姦污；更是他，率人趕到林沖的流放地滄州，欲置林沖於死地……

原因其實很簡單，陸謙把高官厚祿看得重於友情，因而有了種種卑劣的行爲。現實社會裡，像陸謙這種人並不在少數，眞可謂「畫虎畫皮難畫骨，知人知面不知心」。

一般人面對所謂的朋友，戒備心理總會降到最低限度，那種假知己、假朋友正是鑽了這個心理漏洞。

雖然對人要講誠信是做人的基本準則，但也要謹記這句古話：「防人之心不可無」。在日益複雜的社會環境下，即使是親近的朋友，也要保持警惕，以免發生不測。

現實很殘酷，我們並不是生活在無慾無求、無勾無鬥的完美世界中，不能毫無自我保護的措施，「逢人且說三分話，未可全拋一片心」。

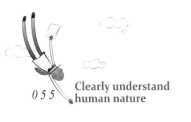

深藏不露，不讓別人窺出意圖

不輕易表露自己的觀點、見解和喜怒哀樂，是面對對手的一種重要方法，更是自我保護的最佳利器。

世上沒有一個人的情緒能不受外界的影響，眞正做到心如止水，可以達到這種境界的，可能只有「植物人」。

喜怒哀樂，是人類與生俱來的感受和自然反應，只要是人，就一定會受到環境、事物的影響，而產生喜惡的情緒，只是有些人會輕易地顯露出來，另一些人則善於隱藏罷了。

在險惡的人性叢林行走，爲人處世必須學會把自己內心的情緒斂藏起來，儘量做到喜怒哀樂不形於色，才不會輕易就讓別人窺出底細。

唐代奸相李林甫以口蜜腹劍著稱，慣於隱藏自己的真實意圖，城府極深，這種過人本領就連安祿山、楊國忠都忌憚三分。

唐玄宗寵信的藩將安祿山，表面上憨厚忠直，骨子裡卻狡詐多端。

安祿山想方設法取得唐玄宗和楊貴妃歡心，權位日高，架子也大了起來，漸漸不把朝臣們放在眼裡，除了在唐玄宗面前假裝恭順以外，對其他人都傲慢無禮。這種情況李林甫看在眼裡，決定來一場震撼教育。

一天，李林甫特地召見安祿山。安祿山到李宅之後，長揖拜見後端坐在客位上，顯露出盛氣凌人的架勢。

李林甫不動聲色，只是用兩隻小眼睛一動不動地看著他，一句話也沒說。安祿山見李林甫目光深邃，咄咄逼人，感到有些不自然，盛氣頓時減了一半。

這時，李林甫轉身告訴下人去宣召王珙進來議事。王珙進屋之後，刷刷刷地邁著小碎步走上前，規規矩矩地向李林甫大禮參拜，十分謹慎小心，一副誠惶誠恐的模樣。

當時，王珙在朝廷中是僅次於李林甫的第二號人物，安祿山見王珙對李林甫如此敬重畏懼，不由感到有些窘迫，立刻恭謹起身，連大氣也不敢出一聲。

王珙走後，李林甫才開始和安祿山說話。他把安祿山所作所為的意圖和心理活動都說得十分透闢，安祿山大吃一驚，立時汗流浹背，襯衣濕得黏在身上。這時，李林甫脫下自己穿著的袍子給安祿山披上，用好話安慰他一番。

從此，安祿山非常懼怕李林甫，每次來到京城，都會小心謹慎地去拜謁。而每次交談，李林甫也都能洞察到他的心理，使他面容改色，坐立不安。

在范陽時，每當有使者從京城歸來，安祿山所問的第一句話就是李林甫說他什麼了，如果有褒揚的話就會滿心歡喜，如果有警告的話就會用手摸著額頭說：「哦，我可得多加小心，不然，大禍就要臨頭了。」

安祿山怕李林甫竟怕到了這種程度。

李林甫晚年與楊國忠爭權，楊國忠背後有楊貴妃撐腰，略佔上風，而李林甫則年老病重，猶如風中之燭。

聽說李林甫生命垂危，楊國忠心中暗喜。

為了探聽虛實，楊國忠就親自去李林甫家中問候。不知為何，李林甫雖然病容憔悴，但目光卻還是那樣尖銳，楊國忠一看不由自主地腿軟，撲通一聲跪倒在病床前。

李林甫見狀，流下兩顆淚珠說：「我就要死了，我死後你必當宰相，以後我的家事就要拜託你了。」

楊國忠老早就領教過李林甫的厲害，深知此人十分狡猾奸偽，由於懼怕李林甫設計詐騙，內心非常緊張，滿頭大汗，竟半天不敢說話。

李林甫城府之深由此可窺豹一斑。

越是精於權術的人，城府越深。這樣的人能夠掌握內心情緒的波動，把自己的思想感情隱藏起來，不讓別人窺出自己的底細和實力。

不輕易表露自己的觀點、見解和喜怒哀樂，是面對對手的一種重要方法，更是自我保護的最佳利器。

如果你的喜怒哀樂被人掌控，就容易被人操弄，有時甚至還會爲自己招來無妄之禍。眞正高明的人不隨便表露自己的情緒，以免被人洞悉弱點，予人以可乘之機。

莎士比亞曾經寫道：「雖然我不想有意詐騙世人，可是為了防止自己被人出賣，我必須學習並且活用這套手段。」

做人做事一定得心思縝密，心眼靈活，防範自己遭到背叛、出賣，這樣才能確保自己在這複雜多變的人性叢林中立於不敗之地。

鋒芒太露，只會傷人害己

做人應該要懂得拿捏藏與露，該露時要露，該藏時要藏，這樣才不會讓鋒芒傷人害己，使自己立於不敗之地。

自詡爲聰明人的人，都有一個共同的特點，那就是總覺得自己比別人懂得多、見識廣，常常表現出高人一等的姿態，甚至以嘲諷他人爲能事。

事實上，這些人之所以會全身充斥著優越感，並不是多聰明、多有智慧，而是因爲淺薄，對自己缺乏足夠的瞭解，擁有一點點本事，就以爲自己天下第一。這項難以克服的缺點，使得他們或許在某些方面較其他人優秀，卻難以進步和發展，甚至還可能導致人生慘敗。

一個人即使是天才，如果不懂收斂鋒芒，不僅很難立足於社會，還會導致別人的嫉妒和不滿，往往使自己陷於不利之地。

不管自己怎樣優秀，不管能力多麼突出，都不要一副自己很了不起，驕傲自大的模樣，應當以謙虛的心態去面對一切。

北宋大文豪蘇東坡過目不忘、出口成章，被譽為「有李太白之風流，勝曹子建之敏捷」，但也正因為才高，年輕氣盛的蘇東坡不免恃才傲物。

蘇東坡官拜翰林學士後，在宰相王安石門下任職。王安石非常賞識蘇東坡的才華，對他十分器重，然而蘇東坡卻自恃聰明，常出譏誚言辭。

有一天，王安石與蘇東坡在一起討論自己的著作《守說》，這本書的最大特點是從字面上解釋每一個字的字義。

當他們討論到「坡」字時，王安石說：「『坡』字從土，從皮，所以『坡』就是土之皮。」

蘇東坡取笑說：「按你的說法，那『滑』字不就是水之骨？」

王安石又說：「『鯢』字從魚，從兒，合起來就是魚子。四馬為『駟』，天蟲為『蠶』。古時候的人造字，是極有含義的。」

蘇東坡拱手說：「鳩字是九鳥，你知道其中的原因嗎？」

王安石不知道蘇東坡是開玩笑，連忙虛心向他請教。

東坡笑著說：「《毛詩》說『鳩鳩在桑，其子七兮。』再加上他們的爹媽，就是九鳥。」

王安石一聽，不再說話，心裡卻對蘇東坡的輕薄非常反感。不久之後，蘇東坡就被貶到湖州當刺史了。

湖州刺史三年任滿，蘇東坡準備回京述職，在路上不由想起：「當年因得罪了王安石，以致落得被貶的下場，這次回京得馬上投門拜見才是。」於是便直奔宰相府而去。

蘇東坡到了宰相府門口，立刻被門前的小官吏引入門房。此時，王安石正在午睡，小官吏便讓蘇東坡在書房裡等候。

蘇東坡在書房裡等得有些無聊，見到硯下一疊素箋，上面寫著兩句沒有完成的詩稿，題著《詠菊》。蘇東坡不由得笑了起來：「三年前我看這老頭下筆就是數千言，三年後怎麼江郎才盡，寫了兩句詩就續不下去了？」

蘇東坡拿起詩稿唸了一遍：「西風昨夜過園林，吹落黃花滿地金。」唸完之後，連連搖頭說：「這兩句詩根本是胡說八道。」

蘇東坡為什麼會這樣說呢？原來，一年四季的風都有名稱——春天為和風，夏天為薰風，秋天為金風，冬天為朔風。這首詩開頭說「西風」，西方屬金，這說的應該是秋季；第二句所說的「黃花」正是菊花，開於深秋，最能耐寒風，而且即便是焦乾枯爛了，也不會落花瓣。所以，王安石這句「吹落黃花滿地金」，根本就是一種錯誤。

蘇東坡為自己發現了這個謬誤而得意萬分，便忍不住舉筆蘸墨，依韻續了兩句詩：「秋花不比春花落，說與詩人仔細吟。」

寫完之後，蘇東坡心中暗暗覺得不妥：「如果王安石出來後，見我這樣當面搶白他，恐怕又要惹來麻煩了。」可是已經寫了，該怎麼辦呢？

左思右想，也想不出更好的方法，蘇東坡只好把詩稿按原樣放好，走出去對小官吏說：「一會兒老太師出堂，你便稟告他，說蘇某在這裡伺候多時。只因初到京城，一些事還沒有辦妥，明天再來拜見。」便騎著馬回去了。

過沒多久，王安石就出堂了，逕自往書房走來。坐定後，一看詩稿，馬上皺起眉頭：「剛才誰到過這裡！」

小官吏連忙稟告說：「湖州府蘇老爺來過。」

王安石心想：「這個蘇軾，遭貶三年仍不改輕薄之性，不看看自己才疏學淺，敢來譏諷老夫！明天早朝，我定奏明皇上，將他削職為民。」忽然轉念一想：「這也不能怪他，因為他沒去過黃州，所以不知道那裡的菊花會落瓣。」於是，第二天就上奏，把蘇東坡派去黃州當團練副使。

蘇東坡知道這肯定又是王安石在「公報私仇」，但是君命難違，只好星夜趕赴黃州。

蘇東坡來到黃州任職將近一年，轉眼已至深秋。這天，恰逢好友陳季常來訪，蘇東坡突然想起後院有菊花數種，便拉他同往後花園觀看菊花。誰知，走到菊花架下，只見滿地鋪金，枝上全無一朵。

這景象驚得蘇東坡目瞪口呆，半晌無語。

陳季常問道：「兄台見菊花落瓣，為何如此驚詫？」

蘇東坡答道：「季常有所不知，平常見菊花只是焦乾枯爛，並不落瓣。去年我在宰相府中，見他寫道：『西風昨夜過園林，吹落黃花滿地金。』以為宰相寫錯了，特地續了二句：『秋花不比春花落，說與詩人仔細吟。』卻不知道黃州菊花竟然落瓣！」

蘇東坡歎道：「今後我一定謙虛謹慎，不再輕易譏笑別人。唉，真是不經一事，不長一智啊！」

後來，蘇東坡為改菊花詩之事，專程回京向王安石認錯道歉，王安石這才將蘇東坡調回京中委以重任。

蘇東坡雖然才高八斗，學富五車，可是他高傲、自負且鋒芒太盛、自以為是，常常暗中得罪人而不自知。

「遭遇」到王安石這樣一位正人君子，應該說是蘇東坡的幸運，如果是撞在鄙俗小人的身上，那可就凶多吉少了。

法國大文豪大仲馬曾經這麼說：「上帝限制了人的成功力量，但卻給了人算計別人的心機。」

現實社會是一個大競技場，形形色色的人在場上拼搏，我們所遭遇的人，可能誠實正直，但也可能陰險狡詐，隨時算計著別人，所以一定要提醒自己「做人藏心，做事留心」。

做人應該要懂得拿捏藏與露，該露時要露，該藏時要藏，這樣才不會讓鋒芒傷人害己，使自己立於不敗之地。

不露真本事，靜觀風雲變幻

無論你的才能有多高，都要懂得藏心、留心，這樣就可靜觀風雲變幻，選擇在最恰當的時機，採取最有利的行動，取得事半功倍的結果。

自古成大事的人都是「心眼」勝人一籌，善於韜晦之術的人，而那些不懂得隱斂自己，處處顯露、自以爲是、耀武揚威的人，最終都只能一事無成，甚至付出慘痛代價。

將韜晦之術應用到最高統治階層的是韓非子，他主張君主爲了保身，絕不可讓臣子們看到眞心，並主張透過法制加強中央集權。

韓非子從權臣們的發動政變到君主的防身之策，都深有研究。在《韓非子》

中就有許多關於君主統御術的記載，其中更特別強調「君主不應把自己的眞心愛憎公開化」。

《韓非子．二柄》中說：「君主如果把自己的所憎所好都溢於言表的話，臣子們就會肆意在你面前顯示或隱瞞什麼。知道了君主的慾望，臣子們就會找到投機的機會；君主如果喜怒不溢於言表，臣子們就會顯出本色，這樣君主就不會被欺騙。」

《韓非子．外儲說》中說：「一定要愼於言，否則就會被人看穿；一定要敏於事，不然就會盲從。如果你顯示你有知識，別人就會隱藏起他的無知；要是讓人知道了你無知，就會受騙。所以只有無為，方可察知對方。」

春秋時代，鄭莊公就是利用隱斂韜略，粉碎了弟弟共叔段妄圖奪權的陰謀。

鄭莊公的父親是鄭武公，母親為申侯之女武姜。鄭莊公多心計，善謀略，繼位之後，鄭國便成為春秋初期最強盛的諸侯國之一。

鄭莊公與弟弟共叔段雖同為武姜所生，但由於莊公出生時，武姜差點難產喪命，因而不喜歡他，偏愛次子共叔段。

武姜曾多次向鄭武公請求立共叔段為太子，但鄭武公礙於傳統並未答應。武姜與共叔段對此一直心懷不滿，待鄭武公一死，便展開了奪權計謀。

鄭莊公繼位之後，武姜就替共叔段請求分封到制邑去，但因制邑是軍事要塞，莊公沒有答應。武姜於是又提出把都邑封給共叔段的請求，莊公不好再推辭，只好答應了。

共叔段一到都邑，就加高加寬城牆，不斷擴展自己的勢力，並與母親武姜合謀，準備裡應外合叛變篡權。鄭莊公對母親與弟弟企圖裡應外合奪取政權的陰謀一清二楚，但卻不動聲色。

大夫祭仲向莊公說：「對於都邑城牆的高度，先王曾有規定，現在共叔段不按規定修城，你應該及時阻止他，否則必會給鄭國帶來大麻煩。」

莊公回答說：「這是母后的意思。」

祭仲建議莊公先下手除掉隱患，但莊公卻說：「不仁不義的事情做多了，就會自取滅亡，你就等著看吧。」

共叔段見莊公對自己的行為不加限制，更加放肆起來，下令讓西部、已部邊陲守軍聽命於己，還佔領了都邑附近兩座小城作為自己的封地。

大將公子呂對莊公說：「一個國家不能有兩個國君，你想怎麼辦？如果你想把大權交給共叔段，我就去當他的大臣；如果不打算交出大權，那麼就立即除掉他，不要使老百姓有二心。」

莊公卻假裝生氣，說道：「這事你不要管。」

鄭莊公知道，若過早動手，必遭外人議論，說自己不仁不孝不悌。因此，他故意讓共叔段的陰謀繼續暴露，一直等到共叔段準備好兵馬戰車，即將展開偷襲，武姜打算開城門做內應時，才假稱要去朝見周天子，暗地裡卻命令公子呂率軍去討伐都邑。

由於毫無防備，且都邑軍民紛紛倒戈，共叔段倉皇逃到焉城。鄭莊公又親率軍隊攻打焉城，共叔段已眾叛親離，只好逃離鄭國，投奔到共國去了。

鄭莊公的高明之處，在於善於隱藏自己的心思。共叔段大肆招兵買馬，不斷

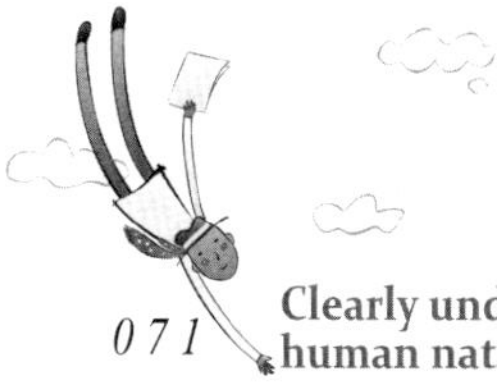

侵城奪隘的時候，鄭莊公一直隱忍不發，使共叔段得意忘形，錯估形勢，最後落得失敗出逃的境地。

這個世界上有本事的人多如過江之鯽，但最終能成大事者卻寥寥無幾，究其原因，就在於這些人行事太過張揚，不懂得隱藏自己。

自認爲才華出眾而喜歡到處炫耀的人，必然會招致別人的反感，一舉一動盡在別人掌握之中而不自知。

無論你的才能有多高，本事有多強，都要懂得藏心、留心，這樣就可靜觀風雲變幻，選擇在最恰當的時機，採取最有利的行動，取得事半功倍的結果。

尋找適合自己的獨特競爭手段

每個人都必須尋找到最適合自己的獨特競爭手段，只有建立起與別人不同的風格，才可能在競爭中勝出。

西施是中國古代的四大美女之一，據說她最漂亮、最迷人的時刻，就是心口疼痛，雙手護心緊皺眉頭模樣，很多人都爲之傾倒。

當時還有一位名叫東施的女子，相貌長得很醜，爲使自己顯得更美些，經常仿效西施捧心皺眉，結果卻適得其反，弄得那些看到她的人紛紛走避。

「東施效顰」的典故告訴我們，千萬不要一味模仿別人，照抄照搬別人的經驗，否則只會弄巧成拙，貽笑大方了。

別人的經驗未必適合你，只能作爲行事時的參考，盲目效仿別人，不僅無法增加自己在激烈競爭中獲勝的籌碼，反而會使自己的長處變爲短處。

每個人都必須尋找到最適合自己的獨特競爭手段，只有建立起與別人不同的風格，才可能在競爭中勝出。

二千多年前發生的「田忌賽馬」的故事，正可以給我們這方面的啓示。

齊國大將田忌酷愛賽馬，經常與一些王公貴族進行賽馬遊戲。儘管田忌的馬和其他人的馬實力相差無幾，卻老是輸給他們。孫臏知道了這件事後，便很想幫忙田忌獲勝。

一次，齊威王想和田忌賽馬，但田忌知道自己的馬無論是上等、中等還是下等的，實力都比不上齊威王。這下田忌發愁了，感到自己必輸無疑。

不過，孫臏並不這樣認為，對田忌說：「你儘管與大王比賽，我自有讓你取勝的辦法。」

田忌雖然感到疑惑，但對孫臏一向言聽計從，便硬著頭皮迎戰齊威王，並押上了千金賭注。

比賽開始後，齊威王率先派出上等馬，孫臏卻讓田忌以下等馬迎戰，結果首場大敗。第二輪，齊威王放出了中等馬，孫臏便讓田忌用上等馬對戰，輕易獲勝。第三輪，田忌用中等馬迎戰威王的下等馬，再度獲勝。

田忌最後就以兩勝一負，將齊威王的千金賭注變成自己的囊中之物。

孫臏的競爭策略無疑充滿智慧，只要弄清楚齊威王派出哪個等級的馬，便能按規則取勝。

這個故事說明，只有既能自知，又能知人的人，才是「明智」的人。

人必須按照自己的想法行事，才能取得令人矚目的成就，而要想眞正尋找到適合自己的獨特競爭手段，則必須兼備「自知之明」和「知人之明」。

鋒芒畢露，最容易招人嫉妒

若事事都想極力表現自己，鋒芒過於外露，就不會有好的結局。為了避免招來不必要的禍端，切記不要過分顯露自己的才華。

鋒芒的本意是刀劍的銳利部分，後來引申爲人所顯露出來的才幹。一個沒有鋒芒的人，就像立不起來的藤蔓、提不起來的豆腐，在社會上是行不通、站不住的，因此有鋒芒是好事，是個人立世和事業成功的基礎。在適當的場合、時機，顯露一下鋒芒既有必要，也是應當的。

然而鋒芒就像一把雙刃劍，不但能刺傷別人，也會刺傷自己。所以，在顯露自己的鋒芒之時，一定要小心謹慎，平時則應把鋒芒收斂在劍鞘中，如此才不會招人嫉妒。

漢代文學家賈誼，十八歲時就以誦詩通經聞名於河南郡。當時的河南太守吳公瞭解賈誼確是個學問淵博的人才，便把他召到自己的門下，對他非常器重。

由於吳公治理河南郡成績卓著，被評定為天下第一，漢文帝即位後，便任命吳公為廷尉。吳公沒有忘記自己的得意門生，向漢文帝推薦說：「賈誼頗通諸子百家之書，是個有年輕為的人才。」

漢文帝於是把賈誼召到朝中，任命他為博士。當時的賈誼才二十一歲，是所有博士中最年輕的。

博士是一種供皇帝諮詢的官員，每當漢文帝提出問題時，許多年老的博士常說不出個所以然來，但賈誼卻總是能夠應對自如，而且說得有理有據。其他博士們都自嘆不如，非常佩服賈誼的才能，這使得漢文帝非常高興，一年之內就將他破格擢升為太中大夫。

賈誼認為漢朝建立了二十幾年，此時已天下大治，應當改正朔，易服色，法制度，定官名，與禮樂。他還草撰了新的儀規法禮，重新設定官名，把秦代傳下來的規定全都改了。

此時漢文帝剛即位不久，沒有採納賈誼的建議，不過認為他可以擔任公卿，並委以重任。

賈誼短短的時間內就被破格提升，可謂少年得志，然而他幫漢文帝擬定的一些政策和法令，卻得罪了功臣元老。絳侯周勃、潁陰侯灌嬰、東陽侯張相如、御史大夫馮敬時……等人都因此而忌恨賈誼，指他「年少初學，專欲擅權，紛亂諸事」。

備受漢文帝寵愛的佞臣鄧通也常常在文帝面前譏諷賈誼，說他的壞話，於是文帝便疏遠了賈誼，還將他貶出京城，到長沙國當長沙王的陪讀太傅。

過了一年多，文帝召見賈誼，與賈誼長談至夜半，但是「不問蒼生問鬼神」，然後又將他分派到梁懷王那裡當太傅。

賈誼給漢文帝上了一道《陳政事疏》，把漢王朝的局勢比成「厝火積薪」，就好像一把火在一堆乾柴下面，而人睡在乾柴上頭，潛伏著極大的危機，只是沒有點燃罷了。危機的根源就在於藩王的強大。

漢文帝雖然認為賈誼的意見有道理，但卻覺得沒有他說的這麼嚴重。

漢文帝十一年，梁懷王騎馬摔死，賈誼為自己沒有盡到太傅的責任，深深自責，再加上未受重用，終於鬱鬱而死，年僅三十三歲。

賈誼才高八斗，又得到皇帝的賞識，原本應該能平步青雲，施展自己的抱負。但是，賈誼畢竟太年輕，看不到周身的巨大威脅，不僅不知預設保護，最終落得抑鬱而終。

鋒芒畢露的人很少會因爲鋒芒畢露而走向成功，反而容易因爲屢受挫折而一蹶不振，導致自己逐漸被磨去鋒芒，最後成爲毫無稜角的鈍器。

現實生活中，有很多人鋒芒畢露，處事不留餘地，咄咄逼人，往往在人生旅途上屢遭挫折。

世間的小人往往從私心出發，看見別人有才能就妒嫉憎惡，看見別人有美德就詆毀中傷，這種人比妖魔鬼怪更可怕！

文人不管賢明與否，只要入朝就會遭到妒嫉；女人不管漂亮與否，只要入宮就會遭到嫉妒。漢代呂后嫉妒漢高祖劉邦寵幸的戚夫人，因此百般殘害戚夫人，並稱戚夫人爲「人彘」；唐代李林甫口蜜腹劍，嫉賢妒能，殘害俊傑，人稱他「李貓」、「人貓」。

南朝的蕭繹忌妒劉之遴的才能超過自己，派人送毒藥將劉之遴毒死；隋朝的老儒們忌恨年輕的孔穎達學識超越他們，便暗中派刺客殺死孔穎達；隋朝薛道衡因文才出衆而遭隋煬帝忌恨，被藉故絞死……

妒忌之人如此毒辣，怎能不抑制自己的表現慾，適度隱藏自己的才幹呢？

無論是在職場上，還是在生活中，我們都要學會掩去自己的鋒芒，學會深沉、深藏不露。只有這樣，才能在自己的人生道路上少一些嫉妒的目光，少一些惡意的陷害，也才會多一些順利。若事事都想極力表現自己，鋒芒太過於外露，必然不會有好的結局。

或許你會懷疑，盡心盡力地把事情做好，難道這樣也會得罪人嗎？

現實就是如此殘酷，若是在團體中表現得太傑出，光環只聚在自己身上，就很難不被他人嫉妒。所以，爲了避免招來不必要的禍端，切記不可過分地顯露自己的才華。

當然，不鋒芒畢露並不是說完全不要顯示自己的才華，現代社會是一個高度競爭的社會，有時候不顯示自己的才華，很可能會失去機會。但千萬要記住，你可以展示才華，但不要「炫耀」；你可以表現得很聰明，但萬萬不要認爲別人就是「傻子」。

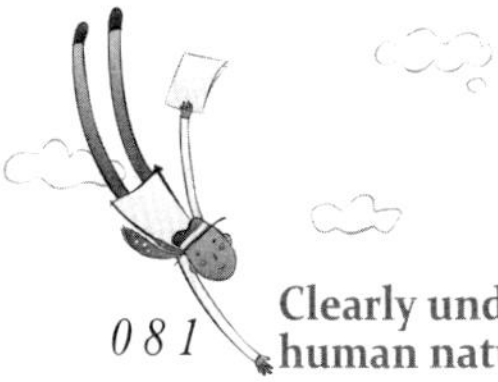

做人不要太自以為是

做人必須謙虛謹慎，不要太自以為是，這樣才能博採眾長充實自己，提高自己的涵養和視野，才能得到他人的認可和尊重。

武斷、固執、自以爲是，是一般人的心理缺點，是以自我爲核心表現出來的一種自我膨脹的極端心態，往往會導致致命的錯誤。

自以爲是的人對於情勢往往充滿主觀臆想，只相信自己的智慧和能力，堅信只有自己是正確的，鄙視別人的意見和勸告。

這種人是典型的剛愎自用。

三國時期，蜀國將領馬謖從小聰明過人，父親是個軍事指揮家，戰功卓著。馬謖自幼就受到父親的薰陶，對軍事理論特別感興趣，熟讀兵書，但性情張揚，常常對人誇耀自己的才學。

馬謖的父親去世後，他的母親就告誡他說：「軍事不能誇誇其談，弄不好，就會使千萬人頭落地。你還是踏踏實實下苦功，學點真本事。」

但馬謖很不以為然，當面頂撞母親說：「妳太老了，盡抱著那些老古董不放。我為人聰明，學東西又快，別人能知十，我就能知百，妳不用擔心。」

劉備入川時，馬謖跟隨大軍同行，歷任綿竹令、成都令、越巂太守。由於他確實讀了不少兵書，平時很喜歡談論軍事，也出過一些好主意，因此得到諸葛亮的賞識。

可是，劉備總覺得馬謖只會高談闊論，事實上沒什麼真本事，因此臨死前，叮嚀諸葛亮說：「馬謖此人言語浮誇，超過他的實際能力，不可重用。丞相要留意才是！」

但是，諸葛亮沒有把這番話放在心上。

建與六年，諸葛亮出師北伐，想到了咽喉之地街亭必須派重兵留守，便對眾將說：「司馬懿必定會奪取街亭，以切斷我們的退路，你們之中有誰願意帶兵去守街亭？」

話聽剛落，時任參軍的馬謖即毫不猶豫地說：「末將願帶兵前往。」

諸葛亮說：「街亭雖小，卻是我們的咽喉之路，位置很重要。一旦街亭失守，我們的人馬就死路難逃了。而且街亭這個地方沒有城郭，很難防守。」

馬謖卻不以為意地說：「我從小熟讀兵書，頗知兵法，這麼一個小小的街亭還難不倒我。」

諸葛亮提醒馬謖說：「司馬懿並非等閒之輩，你不要小看了他，況且他還有魏國的名將張郃作先鋒。」

馬謖說：「別說司馬懿、張郃，就是曹睿來了，我也不怕！」曹睿是曹操的孫子，當時魏國的明帝。

諸葛亮一聽馬謖的話，就說：「軍中無戲言，既然你這麼有把握，那就立一張軍令狀吧。」

馬謖當場立下了軍令狀，諸葛亮還是不放心，特地精選了兩萬五千精兵，並派上將軍王平去協助馬謖。王平素來以謹慎著稱，所以諸葛亮才派他去，以防止馬謖再犯言過其實的錯誤。諸葛亮還對馬謖、王平二人當面指示了防守街亭的佈兵之策。

但馬謖偏偏自以為是，來到街亭，當著副將王平的面說：「丞相也太多心了，難道本將就不會部署兵力嗎？」

馬謖根本沒把諸葛亮的叮囑放在心上，副將王平也奈何不了他。最後的結果是街亭失守，蜀軍大敗。

最後，諸葛亮只得無奈地將馬謖斬首了。

像馬謖那樣自以爲是的人，通常都自我感覺良好，個人意識強烈，剛愎自用、孤傲不合群。

他們總覺得自己是這個世間獨一無二的人，無論身材容貌、知識水準、做人做事都是一流的，因此判斷事物時，往往只從自我的角度出發，用自己的標準去

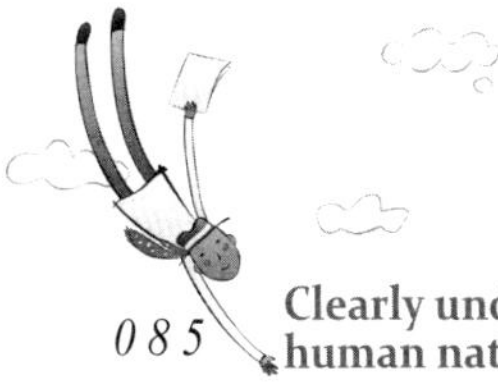

審視，固執一己之見，不願意改變自己的行爲方式，最後害人害己。

自命不凡、自認聰明、自吹自擂、自欺欺人，甚至狂妄囂張，這些都是自以爲是的人共有的性格特徵。這樣自以爲是的人，最信賴的人就是自己，最喜愛的人也是自己。

自以爲是的人常常被自己的雙眼欺騙，看不清事實的眞相，大腦的思維被自己禁錮，總是跳不出自己佈下的陷阱。

世界著名激勵大師約翰．庫緹斯說：「不管你覺得自己多麼了不起，這個世界總有人比你更加了不起。」

做人必須謙虛謹慎，不要太自以爲是，這樣才能博採衆長充實自己，從而提高自己的涵養和視野。也只有這樣，才能得到他人的認可和尊重。

03

藏不住心思，往往得不償失

津津樂道，逞口舌之能，並不是件好事。因此，有「心」人都會慎言畏出，緘默守聲，不隨意表達自己的心聲和對外界事物及其他人的看法。

不要隨意表達自己的想法

> 口無遮攔地表達你的主張，很多時候不僅無益，還十分危險。在不明根底的場合中，輕易地暴露你的主張和想法，是十分危險和不明智的。

說話一定要小心謹慎，不要和別人湊在一起就管不住自己的嘴巴，一旦如果話語不恰當，只會讓你後悔莫及。

什麼話能說，什麼話不能說，都要先在腦子裡深思熟慮一番，才不會因說錯話而自找麻煩，甚至惹禍上身。

或許你會認爲，愛說話、喜歡饒舌多嘴並不是什麼大毛病，殊不知「禍從口出」這句至理名言屢試不爽。許多人的事業前程就是栽在自己的舌頭上，甚至還有人因此而丟了性命，不得不深深警惕。

一天，某家客棧裡有五個人湊在一起喝酒，其中有一個姓徐的術士說：「魏忠賢作惡多端，不久肯定會倒台。」

另外四個人有的沉默不語，有的面露懼色，有的勸他說話要謹慎，不然恐怕會招來災禍。

哪知，姓徐的術士非但不知收斂，反而大聲地說：「魏忠賢雖然專橫，但他總不能把我剝皮吧？我怕什麼！」

夜裡，眾人熟睡之後，房內突然闖入了幾個人，把隨口說大話的徐姓術士抓走了。不久之後，和他一起喝酒的四個人也全被帶到了一處衙門。

衙門裡，姓徐的術士一絲不掛地躺在一塊門板上，手腳都被牢牢地釘住，堂上則高坐著魏忠賢。

魏忠賢對四個人說：「這位說我不能把他剝皮，今天不妨試一試。」說完，命人取來熔化的瀝青澆在姓徐的術士身上，待瀝青冷卻凝固後，用鐵錘敲打，只見瀝青和人皮一齊脫掉，形成一副完整的皮殼。

見此情形，那四個人無不嚇得半死。

看完這場剝皮秀後，魏忠賢賞給四人每人五兩銀子壓驚，把他們放走了。

喜歡表達自己的見解，這是人性的弱點之一。不論是有水準、沒水準，有知識、沒知識，有道理、沒道理，絕大多數人都喜歡發表自己的「真知灼見」。發生了事情，我們喜歡議論；看了電視、電影，我們喜歡評論；遇到與我們切身相關的事，我們更會滔滔不絕說個沒完；有人請教我們，我們更會當仁不讓地做熱情解說。

有時，我們甚至會偏執到像故事中那個姓徐的術士一樣，不顧安危得失，只圖嘴巴說得快活，結果給自己惹來殺身之禍。

喜歡逞口舌之慾，真的不是一件好事。因此，深諳處世要訣的人都會謹言慎行，不隨意表達自己的心思和對外界人事物的看法。

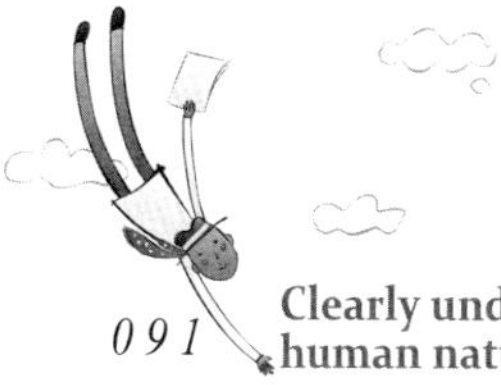

口無遮攔地表達你的主張，很多時候不僅無益，還十分危險。因爲這無異於將把自己的想法赤裸裸暴露在衆人的面前，讓自己成爲別人攻擊的箭靶。

尤其是置身不熟悉的環境，面對不熟悉的人，大剌剌直陳己見，或許能表明你的立場，爲你吸引到一些意氣相投的聽衆，但過於暴露自己所帶來的禍害，有時候是無法估量的。

在不明根底的場合中，輕易地暴露你的主張和想法，是十分危險和不明智的。一定要學會含而不露，這樣才能較少樹敵。

另外，當你讚賞別人的同時，其實也表明了你的立場和態度，這勢必會與與你意見相左的人結仇。

要是你公開反對他人，更加不會有人感謝你。要記住，這個世界是沒有人眞正能夠虛心納諫，就算當下對方很誠懇地感謝你的「指正」，你也不用當眞，那只是對方爲了維護自己的形象，不得不做的表演而已。

管好嘴巴，不該說的不要亂說

不管任何時刻，都不要忘了提醒自己什麼可以說，什麼不能說。要忍住那些不該說的話，以免招致不必要的禍端。

許多心思單純的人認爲，人長了嘴巴就是要用來說話的，總是不看場合、不看時機，毫無顧忌地想說就說。不管這些脫口而出的話語是有心還是無意，管不住嘴巴，最終只會害了自己。

爲人處世中，少說多聽是一條恆久不變的守則。不該說的話千萬不要亂說，侃侃而談不見得能給自己增添光彩，抱怨連連更不能證明自己有才能，反倒會惹出不必要的是非和麻煩。

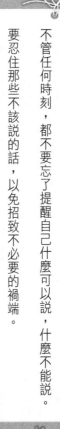

嘴巴是人之利器，也是人之禍害。管不好自己的嘴巴，往往會面臨禍從口出的災難。爲了避免因說話不當而招致災厄，說話之前一定要多加考慮，能說的才說出口，不能說的就讓它「胎死腹中」。

南北朝時，北周將領賀若敦自以為功高才大，不甘心居於同僚之下，看到別人當了大將軍，自己卻沒晉升，心中十分不服氣，時常抱怨個不停。

不久，賀若敦奉調參加討伐平湘州戰役。打了勝仗之後，他自以為此次又立下了大功，必然會受到封賞，不料卻因為其他因素，反而被撤掉原來的職務。為此，他大為不滿，對外大發牢騷。

晉公宇文護聽到這些怨言之後，十分震怒，下令撤除了賀若敦中州刺史的職務，迫使他自殺。

臨死之前，賀若敦對兒子賀若弼說：「我有志平定江南，為國效力，而今未能實現，你一定要繼承我的遺志。我因為這舌頭把命都給丟了，這個教訓你不能不記住啊！」

說完，拿起錐子，狠狠地刺破賀若弼的舌頭，想讓他記住這次血的教訓。

光陰似箭，轉眼幾十年過去了，賀若弼當上了隋朝的右領大將軍，但他並沒有記住父親的教訓，常常為自己的官位比他人低而怨聲不斷，自認為當個宰相也是應該的。

不久，功勞還不如他的楊素當上了宰相，而賀若弼卻未受提拔，仍為將軍，他氣不打一處來，不滿的情緒和怨言便時常流露出來。

後來，一些話傳到了隋文帝楊堅的耳朵裡，賀若弼於是被逮捕下獄。隋文帝責備他說：「你這個人有三太猛：嫉妒心太猛；自以為是，自以為別人不是的心太猛；隨口胡說，目無長官的心太猛。」

因為賀若弼對朝廷有功，不久就被釋放了。但他還是不記取教訓，時常對其他人誇耀自己和皇太子之間的關係：「皇太子楊勇與我之間情誼親切，連高度機密的事情，也都對我附耳相告，言無不盡。」

隋文帝得知賀若弼又管不住嘴巴，四處大放厥詞，就把他召來訓斥：「我用高熲、楊素為宰相，你多次在眾人面前說這兩個人只會吃飯，什麼也不會做，這是麼意思？言外之意是我這個皇帝也是廢物不成？」

由於賀若弼平時得罪了不少人，朝中一些公卿大臣怕受到株連，紛紛上奏揭發他過去說過的那些對朝廷不滿的話，並稱他罪當處死。

隋文帝對賀若弼說：「大臣們對你都十分厭煩，要求嚴格執行法度，你自己尋思可有活命的道理？」

賀若弼懇求說：「我曾憑陛下神威，率八千兵士南渡長江活捉了陳叔寶，希望陛下能看在過去的功勞上，給我留條活命吧！」

隋文帝考慮了一些日子，念賀若弼勞苦功高，只撤除了他的官職。

父子兩代，同樣因爲管不住嘴巴而壞事，這個例子告誡我們，不管任何時刻，都不要忘了提醒自己什麼可以說，什麼不能說。要忍住那些不該說的話，以免招致不必要的禍端。

人們往往不能控制自己的情緒，因此日常生活中，我們常常可以看見一些人口無遮攔，經常碎言碎語說了出不該說的話。這些人或許自認爲性情中人，或許自認爲受了天大委屈，但就因爲他們不長「心眼」，不知道有些話可以說，有些話只能深藏在心裡，常常引起始料不及的後果，給自己帶來傷害。

有位哲人曾說：「凡是說出口的話一定要先思考好，但思考好的話不一定都要說出口，因為思考好的話仍屬於你自己，一旦說出口就永遠不再是。」

人生中的許多是非、災禍往往是由於碎嘴多舌造成的。做人要藏心，做事要留心，一定要管好自己的嘴巴，話一定要經過深思熟慮後才說出口，這樣才不至於遭到意外的災禍。

摸清對方的心思，才能萬無一失

現實生活中這長眼的「傻狗」大有人在。無論做什麼事，對什麼人，只有先察言觀色一番，摸清對方的心思後，再付諸行動，才能萬無一失。

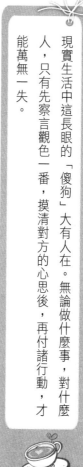

有句俗語說：「不打勤，不打懶，專打不長眼。」

這話說得很有道理，也很吻合現實社會的狀況。人生在世有很多忌諱，如果你不長眼色，觸犯了別人的忌諱，就會在無形之中得罪對方。所以，無論是說話還是做事，一定要小心謹慎，千萬不要誤踩地雷，說了人家不樂意聽的話。

清朝的康熙皇帝，青年時期勵精圖治，做過不少大事。但到了晚年，由於年紀大了，十分忌諱人家說老。要是誰不小心說老，他輕則不高興，重則要讓對方觸霉頭。左右的臣子們都知道他的這個心理，儘量地迴避。

有一次，康熙帶著皇妃們去湖中垂釣，不一會兒就有魚上鉤了，他連忙舉起釣竿，只見鉤上釣著一隻老鱉，心中好不喜歡。誰知剛剛拉出水面，「撲通」一聲，鱉卻脫鉤掉到水裡又跑掉了。

康熙長連叫可惜，陪同在身旁的皇后見狀連忙安慰說：「看樣子，這是隻老鱉，老得沒牙了，所以銜不住鉤子了。」

旁邊另一個年輕的妃子忍不住大笑起來，而且一邊笑一邊望著康熙看。

康熙見狀，不由得龍顏大怒。他認為皇后是言者無心，而那個妃子卻是笑得有意，是在笑他沒有牙齒，老而無用，於是將那個妃子打入冷宮。

康熙不服老，也忌諱別人說他老，這種心理實際上反映老年人的普遍心態。大多數老年人上了年紀，體力和精力都持續下降，但又不肯承認這個現實，而且也希望大家否認這個現實，一旦有人涉及這個話題，心理上就承受不了。

那爲什麼皇后說到「老」字，康熙沒有怪罪她，而妃子只是笑了笑，卻遭到打入冷宮的命運呢？

這是因爲彼此的感情距離不同。康熙與皇后的感情距離較近，所以只是從字面上去解讀皇后的話，知道皇后是一片好心的安慰。妃子雖然沒有說話，只是笑了一笑，但看在康熙眼裡，卻認爲她笑得很輕蔑，是把那隻逃掉了的老鱉比作自己，是對自己的鄙視。

所以，同樣的問題，同樣的環境，不同的人物卻有不同理解，便引出不同的結果來。儘管是「說者無心，聽者有意」，無端惹上禍事，也只能怪那個妃子自己不長眼色。

現實生活中，不長眼色絕對是一大問題，往往得罪了別人還不自知。

漢景帝在位時，由於皇后沒有生男孩，因此生下皇位繼承人成了當時後宮嬪妃們努力奮鬥的最大目標。

在後宮妃姬之中，栗姬最先產下男孩。按規矩，這個男孩就是皇太子，栗姬應當立為皇后。

但栗姬的嫉妒心很強，愛耍心機、搞鬥爭，漢景帝便漸漸疏遠她了。然而栗姬不但對此毫無察覺，反而因為生下皇子，更加得意忘形。

漢景帝曾委託栗姬將來照顧其他妃姬所生的皇子，但栗姬不接受，還出言不遜。於是，漢景帝更加討厭她了。

同樣生了男孩的王夫人，對這種情況瞭若指掌。有天，她悄悄地對一位大臣說：「皇后的位子不能一直空著，我想找人去勸勸皇帝，讓太子的生母栗姬當皇后，你覺得怎麼樣？」

這位大臣自然想當「栗皇后」的第一個推薦者，以便將來得寵，於是馬上向漢景帝進言：「太子的母親栗姬不應該再和其他嬪妃平起平坐，臣以為應當立為皇后。」

漢景帝正猶豫是否要把栗姬轟出宮外，卻有人建議要讓她繼皇后之位，不由勃然大怒，立即把那位大臣打入監獄，把太子也廢了。栗姬終於「愈恚恨，不得見，以憂死」。

結果，由王夫人升為皇后，而她的兒子就是後來的漢武帝劉徹。

實際上，王夫人的計謀是典型的「戳傻狗上牆」，但那位大臣爲什麼願意當傻狗呢?關鍵就是沒有眼色，不懂得察言觀色。遺憾的是，現實生活中這種不長眼的「傻狗」大有人在。

俗話說：「出門觀天色，進門看臉色。」這是因爲，觀天色可推知陰晴雨雪，以免受日曬雨淋，看臉色可知一個人情緒，以免踩到地雷。學會察言觀色實在是不可忽視的處世之道。

無論做什麼事，對什麼人，只有先察言觀色一番，摸清對方的心思後，再付諸行動，才能得心應手，萬無一失。

不該聰明的時候，就要裝糊塗

有些事情其實並沒有絕對的錯與對，真正會做人做事的聰明人，在不該聰明時絕不顯露聰明，而會適時裝糊塗。

爲人處世，應當和和氣氣，有損別人面子的事情一定不要做，有損別人的話一定不要說，不給別人面子帶來的後果有時會很嚴重。

有些事情，自己知道就行了，最好不要說出來，否則很可能因此得罪人，而招惹無謂的禍端。

古人在談及人生和歷史的經驗教訓時，多次談到這樣一句話，「君子慎言，禍從口出。」

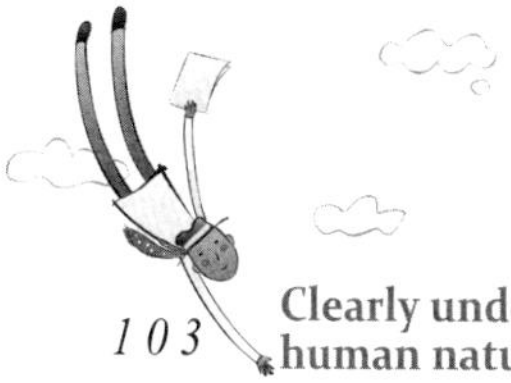

意思是：不要對人、對事妄加評議，有些事自己心裡明白就行，有些話能不說就不說。千萬不要饒舌，說話多了，往往會有失誤，或許無意間攻擊了別人，或許某些話語成爲別人攻訐的口實。

一九七八年，日本防衛廳長官山下元利訪美時，與國防部長布朗大談日本受到前蘇聯的威脅。

但日本外務省卻發表聲明說，駐美大使發回的電報中，並沒提到「威脅」這個字眼。因此，山下元利在會見日本記者時再度指出，外務省在說謊。

雙方的爭執各有立場，各有所依，外務省怕得罪蘇聯，而防衛廳則一再強調威脅的事實。

對於外務省與防衛廳的糾紛，日本首相大平正芳所持的態度，就是裝聾作啞，絕口不談誰是誰非，深獲各界的讚賞。

身爲上司，一定要學會裝聾作啞的藝術，在不該聰明的時候，不妨裝糊塗。

譬如，下屬之間的紛爭很多只是面子之爭，即使僅是雞毛蒜皮的小事，有時也會爭得面紅耳赤，而其餘的人多半抱著看熱鬧的心理觀戰，或者想在雙方相爭之中坐收漁利。

這時，你不可也不必爲這些小事偏袒任何一方，大可裝裝糊塗，一笑置之。否則，很可能讓一方懷恨在心，讓看熱鬧者漁翁得利。

眞正懂得處世之道的人都是在大事面前「難得糊塗」，而在小事面前往往大智若愚。

有些事情其實並沒有絕對的錯與對，有些時候也不需要把什麼事都弄得太明白，只要心裡有數就可以。倘若凡事都非得弄個清清楚楚、明明白白，反而可能害了他人、傷了自己。

眞正會做人做事的聰明人，在不該聰明時絕不顯露聰明，而會適時裝糊塗。

讓心事爛在肚裡才是明智之舉

做人不能太單純，寧可讓心事爛在心裡，也不要說出來讓別人當武器傷害你，這才是保護自己最好的辦法，也是最明智之舉。

古代大哲學家荀子在論人性時說：「人之性惡，其善者偽也。」意思是說，人性本來就是惡的，一個人的行爲舉止如果看起來過於和善，那肯定是處心積慮裝扮出來的。

這個世間有好人也有壞人，正所謂「知人知面不知心」，你永遠不知道眼前的人對你安的是什麼心。他想的可能對你有利，也可能對你有害，所以絕對不能沒有防人之心。

有時候，只是因爲一句話，你會就被瞧不起或遭到忌恨，被別人出賣了。所以，萬萬不可太相信別人，你把別人當朋友，把心裡話全說出來了，他可不一定會幫你保守秘密。

說話應該把握分寸，不能一吐爲快，點到爲止才是智者的表現！

人與人之間的關係是非常複雜的，局外人一般很難知道眞相，即使知道一些皮毛，也不一定可靠，況且表象之下還有許多隱衷非外人所知。因此，對於任何問題，都不能憑主觀猜測亂說，更不能只憑片面觀察就在背後批評別人，這樣只會給自己惹來麻煩。

人性究竟是善還是惡，絕非三言兩語能夠說清楚。但是，在現實生活中，與人打交道時的確要謹慎小心，對人不妨多考慮一些防範對策以防萬一，否則待事情發展到糟糕程度時，就爲時晚矣。

當你在和他人交談時，千萬不要輕易暴露自己的弱點和失敗的一面，更不能喋喋不休的向別人述說你的不幸。因爲喜歡落井下石的人很多，他們很有可能在

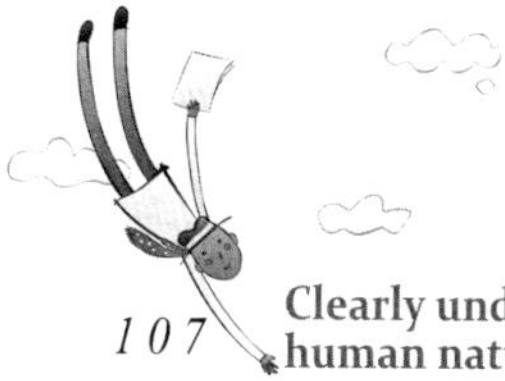

背後捅你一刀。

人性有自私、貪婪的一面，當出現危機時，有些人爲了保全自己的個人利益，往往不顧道義，把朋友出賣了。

這種事情在現實生活中並不少見。

要防止被出賣，就不要讓別人抓住你的把柄。所以，寧讓心事爛到肚子裡面，也不要把它說出來，只有這樣才能確保自己的安全。

人生從某種角度來看也是一場戰爭，爲了求生存，在這場戰爭中必須要有慎重的應對方式和態度，這樣才不至於上某些人的當，吃大虧。

我們當然不能去欺騙別人，但是身處魚龍混雜，到處都是陷阱、圈套的社會中，卻必須小心提防別人虛僞狡詐，儘量做到萬無一失，否則就只有懊惱、後悔的份了。

生活中，有些人只知道利用別人，自己卻很少爲別人貢獻心力，這種朋友關係是很難維持長久。因此，交友時一定要慎重，尤其是那些有利害關係的朋友，在交往時更要小心謹慎，保持適當的距離。

無論面對什麼樣的朋友，你都不要把心裡的事全都說出來，不該說的秘密千萬不要說，否則就很難避免朋友的傷害。做人不能太單純，寧可讓心事爛在心裡，也不要說出來讓別人當成武器傷害你，這樣才是保護自己最好的辦法，也是最明智之舉。

靈活多變，見什麼人上什麼菜

做人必須要有「心眼」，唯有靈活多變，懂得針對不同的對象調整自己的應對之策，方能讓自己更好地在社會上生存。

所謂見什麼人上什麼菜，其實就是說要懂得隨機應變，根據不同對象採取不同應對方式。

做人固然要有原則，但「人心叵測，人世複雜」，過度堅持原則，過於死板不知變通，不但會經常遭遇挫敗，甚至會自己把逼入死胡同。

《世說新語》記載了這麼一則故事：

許允擔任吏部侍郎時，大多任用自己的同鄉，魏明帝曹睿聽說後，便派虎賁衛士去拘捕他。

許允即將被帶走之時，他的妻子趕了出來，告誡他說：「明主可以理奪，難以請求。」意思是讓許允向皇帝申明道理，而不要寄希望於哀情求饒。因為，依魏明帝的行事風格，求情不一定有用，只有以理說話，才能讓自己平安無事。

魏明帝審訊許允的時候，許允直率地回答：「陛下規定的用人原則是『舉爾所知』，我的同鄉正是我最瞭解的人，陛下可以考核他們是否稱職，如果不稱職，我願意接受應有的懲罰。」

魏明帝派人對許允所任用的人進行考核，結果都很稱職，便釋放了許允，還賞了他一套新衣服。

許允提拔同鄉，是根據魏國的薦舉制度，不管此舉妥不妥當，都合乎皇帝所認可的「理」。

許允的妻子深知跟九五之尊的皇帝打交道，難於求情，卻可以據理力爭，於是叮囑許允以用人稱職之「理」，來抵銷提拔同鄉、結黨營私之嫌。由此不難看出，許允的妻子頗有「心眼」，善於根據對象的身分地位選擇說話方法！

南齊的徐文遠也是這樣一個有「心眼」的靈活之人。

徐文遠是名門之後，幼年時跟隨父親被抓到了長安，過著十分困苦的生活，但由於他勤奮好學，通讀經書，後來官居隋朝的國子博士，越王楊侗還請他擔任祭酒一職。

隋朝末年，洛陽一帶發生了饑荒，徐文遠只好外出打柴維持生計，湊巧碰上李密，於是被請進了李密的軍隊裡。李密曾是徐文遠的學生，他請徐文遠坐在上座，自己則率領手下兵士向他參拜行禮，請他為自己效力。

徐文遠對李密說：「如果你決心效仿伊尹、霍光，在危險之際輔佐皇室，那我雖然年邁，仍能為你盡心盡力。如果你要學王莽、董卓，在皇室遭遇危難的時刻，趁機篡位奪權，那我這個年邁體衰之人就不能幫你什麼了。」

李密答謝說：「我敬聽你的教誨。」

後來李密戰敗，徐文遠歸屬了王世充。王世充也曾是徐文遠的學生，見到徐文遠十分高興，賜給他錦衣玉食。

徐文遠每次見到王世充，總要十分謙恭地對他行禮。有人問他：「聽說你對李密十分倨傲，但卻對王世充恭敬萬分，這是為什麼呢？」

徐文遠回答說：「李密是個謙謙君子，所以像酈生對待劉邦那樣用狂傲的方式對待他，他也能夠接受。王世充卻是個陰險小人，即使是老朋友也可能會被他殺死，所以我必須小心謹慎地與他相處。」

等到王世允也歸順唐朝後，徐文遠又被任命為國子博士，並深受唐太宗李世民重用。

徐文遠之所以能在隋唐之際的亂世保全自己，屢被重用，就是因爲他針對不同的人有不同的應對之法，懂得靈活處世。

孔子門下的弟子衆多，他在教育這些弟子時，也秉持著因材施教的原則，根據不同的弟子採取不同教育方式。

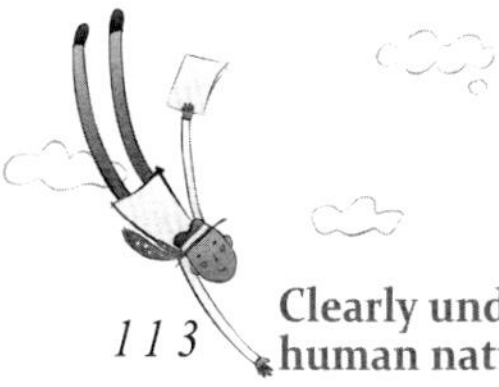

有一次，子路問孔子：「做事要三思而後行，對嗎？」

孔子說：「對。」

過了兩天，冉有問孔子：「做事要三思而後行，對嗎？」

孔子說：「考慮兩遍就行了，不用三思。」

孔子對同樣的問題卻有兩種不同的回答，有人疑惑地問：「你怎麼對弟子的教育不一樣呢？」

孔子說：「子路為人魯莽，所以我讓他做事要三思；冉有平時做事就優柔寡斷，所以我鼓勵他要果斷一點。」

任何道理都不是絕對的，必須針對不同的情況靈活變通運用，做人做事也同樣如此，要懂得「見什麼人上什麼菜」，千萬不要以爲在一個人身上有效的策略，也必定可以運用到所有人身上。唯有靈活多變，懂得針對不同的對象調整自己的應對之策，方能讓自己更好地在社會上生存。

面對兩難問題，要學會含糊其詞

生活中，我們常會面臨「順了哥意失了嫂意」的兩難問題，不做明確表態，含糊其辭、模稜兩可，才是明哲保身的最佳選擇。

在人際交往中，面對一些兩難問題，往往不能明說，可是如果避而不答又會造成他人不快，誰如何應對呢？

這時，不妨「含糊其僻」、「言語閃爍」，讓人摸不準你眞切的意思，抓不住把柄，這不失爲一個做人做事的訣竅。

所謂「模糊表態」即是採取恰當的方式、巧妙的語言做出間接的、含蓄的、靈活的表態。特點就是不直截了當地表明自己的立場與意圖，避免與對方短兵相接式的交鋒。

做人最怕被戳脊樑骨，說話最怕留下話柄。「模糊表態」的說話方式，很多時候讓自己避開別人的算計。

以下這則寓言或許能證明這個道理。

兇狠的獅王找了一個藉口，想吃掉他的三個大臣。於是，牠張開大口，叫熊來聞聞牠嘴巴裡是什麼氣味。

熊生性老實，沒有什麼心機，據實回答：「大王，你嘴巴裡有一股很難聞的氣味，又腥又臭的。」

獅王大怒，說熊侮辱了作為百獸之王的牠，罪該萬死！於是便猛撲過去，一口把熊咬死並吃掉了。

接著，獅王又叫猴子來聞。

猴子看到了熊的下場，便極力討好獅王說：「啊！大王，你嘴巴裡的氣味既像甘醇的酒香，又似上等的香水一樣好聞。」

獅王又是大怒，說猴子阿諛諂媚，是個馬屁精，一定是國家的禍害。於是又撲過去，把猴子吞了。

最後，獅子問兔子聞到了什麼氣味。

兔子答道：「大王，非常抱歉！我最近感冒，鼻子塞住了，什麼氣味也聞不到。你如果能讓我回家休息幾天，等我感冒好了，一定會為你效勞。」

獅王找不到藉口，只好放兔子回家。兔子趁機逃之夭夭，保住了小命。

在這種場合中，兔子的回答是機智的，因爲此時不能對獅王嘴巴中的氣味做出任何評議，只能含糊其辭，用「感冒」來搪塞。

事實上，這則寓言的意涵對現實生活頗有警示作用。日常生活中，與人交際，有些話不能說得太具體明白，這樣才能更好達到目的。

顧維鈞曾擔任駐美公使，有一次，參加了一個國際舞會，與他一起跳舞的美國小姐突然問他：「請問你是喜歡中國小姐呢，還是美國小姐？」

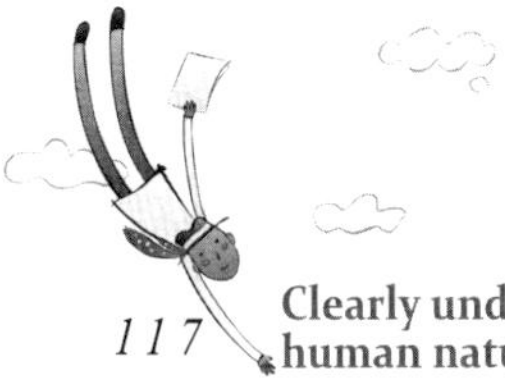

這問題很不好答，若說喜歡中國小姐，勢必得罪了舞伴；如果說喜歡美國小姐，又會有失中國公使的身分。

顧維鈞靈機一動，回答說：「不論中國小姐或美國小姐，只要喜歡我的人，我都喜歡她。」

模稜兩可、含糊其詞的語言在日常生活中其實習以爲常，比如我們經常會說「等一會兒」、「很快就好」、「再過些時候吧」……等等，避免把話說死，留下很大的迴旋空間。

在外交上，使用模糊語言的機會更多，如「我們對某人的事情表示關注」、「我們注意到了某某人的言論」等等；工作中也常用模糊語言，比如常聽到的「最近」、「多數人」、「基本滿意」……等等。這樣的話語具有很大的彈性，有時能幫你擺脫困境。

在歷史上，有一個典故「兔子感冒」的寓言極爲相似。

項羽自稱西楚霸王之後，一心想除去劉邦這個心腹大患。於是，「亞父」范增便給他出了一個主意。

范增說：「等劉邦上朝之後，大王即可問他：寡人封你至南郡，你去不去？如果他說願意，就可以以他意欲養精蓄銳而有謀反之心，定他死罪。如果他不願意，便可用違抗王命的罪名殺他。」

第二天，劉邦上朝後，項羽高聲問他：「寡人封你到南郡，你願不願去？」

劉邦回答道：「臣食君祿，命懸於君。臣如陛下坐騎，鞭之則行，收轡則止，臣唯命是聽。」

項羽一聽，愣了，面對這種回答如何應付，「亞父」可沒教，只好傻傻地說：「劉邦，你要聽我的，南郡你就別去了。」

這樣的結果正中劉邦下懷。

劉邦正是利用「含糊其辭，模糊表態」，巧妙地繞開了置自己於死地的陷阱，保住了自己的性命。

在現實生活中，我們也常會面臨「順了哥意失了嫂意」的兩難問題，此時，不做明確表態，含糊其詞，把話說得模稜兩可，才是明哲保身的最佳選擇。

英國思想家格蘭威爾曾經說：「觀念上的冥頑不靈，會使一個人陷入不斷犯錯的惡性循環，如果你無法從這個枷鎖中掙脫，生命自然遍尋不著出口。」

千萬不要讓自己淪爲不知變通的「恐龍」，在變化莫測又競爭激烈的環境中，做人做事必須根據不同的情勢，採取相對應的行動，不管伸縮、進退，都應該進行客觀評估，如此才能獲得最後勝利。

做人要藏心，做事要留心。想出人頭地，就得先學會將自己的「心思」掩藏起來，不過早顯露自己的意圖。要知道，世上既沒有永久的敵人，也沒有永久的朋友，只有縱橫捭闔、左右逢源才能把握住致勝的契機。

藏不住心思，往往得不償失

含藏不露是一種高層次的謀略，更是為人處世的一個重要法則。心裡無論有什麼計策謀劃，外表都要不動聲色。

步入社會工作之後，同事之間的關係成了最敏感、最頭痛的關係，彼此既是盟友又是對手。面對這種競合關係，要想與同事相處得融洽，說話、做事不得罪人，就要做到「含藏不露」。

孔子年輕的時候，曾經受教於老子。當時，老子曾對他說：「良賈深藏若虛，君子盛德容貌若愚。」

意思是說：善於做生意的商人，總是隱藏寶貨，不令人輕易見之；而君子爲人，品德高尙，但容貌卻看似愚笨。

這番話的深意是告誡我們，過分炫耀自己的能力，將慾望或精力不加節制地濫用，是毫無益處的。俗話說「滿招損，謙受益」，才華出衆而又喜歡自我炫耀的人，必然會招致別人的反感和忌恨。無論才能有多高，都要善於隱匿。

《莊子》一書中指出：「安時而處順，哀樂不能入也。」

這句話的意思是，能夠安於時代潮流、師法自然法則的人，悲哀和歡樂就不會佔據他的內心，外在紛雜的事物就不會讓他糾結。

有一些人爲了出人頭地，達到自己的目標，往往不顧一切，拼命去爭取。而一旦遭到挫折或打擊，往往會意志消沉，一蹶不振。

實際上，爲了自己的將來，的確需要認眞地工作，可是，如果違背了自然規律，豈不是得不償失嗎？

含藏不露是一種高層次的謀略，也是成功者的基本素質之一，更是爲人處世的一個重要法則。

現實社會中，正人君子有之，奸佞小人有之，既有坦途，也有暗礁。在複雜的環境下，不注意說話的內容、分寸、方式和對象，往往容易招惹是非，甚至禍從口出。

因此，說話小心些，爲人謹愼些，使自己置身於進可攻、退可守的有利位置，牢牢地把握人生的主動權，無疑是有益的。

西方有句諺語說得好：「上帝之所以給人一個嘴巴，兩隻耳朵，就是要人多聽少說。」

事實上，一個毫無城府，總是喋喋不休的人，必然顯得淺薄粗鄙、缺乏涵養而不受歡迎。

日常生活中，我們不難發現，那些口若懸河、好出鋒頭、心中藏不住半點秘密的，一定是非常膚淺的人。時間長了，也會令人反感乃至厭惡。相反的，那些看似言詞行動笨拙或者總是隱藏自己才幹的人，卻往往成竹在胸、計謀過人，更容易成功。

所謂「宰相肚裡能撐船」，是說大人有人量，這大量也包括鎮定自若，胸中自有百萬雄兵，能藏得住秘密，不顯山露水。

藏不住心思，往往得不償失。心裡無論有什麼計策謀劃，外表都要不動聲色。等對手麻痺了，鬆懈了，失去戒心了，就可以悄無聲息地施行計劃。至少要讓人相信你是一個誠實的人，不會陷害或攻擊對方，讓人對你發生好感。

這是一種非凡的人格修養，也容易獲得別人的信任。試想，如果你心裡什麼都藏不住，這邊聽了那邊說，誰還會相信你呢？

04

如何防範身邊的小人

善於掌握壞人的行為軌跡，學會掌控惡人，馴服他、操縱他和防止被他陷害，這才是對付惡人的最高境界。

小心提防善於「變臉」的人

擅長變臉術的「朋友」，只顧自己的利益，翻臉比翻書還要快，一旦發現你交往的人當中有這類變臉專家，就得趕快遠離他們。

這個社會上存在著形形色色的人，想要在險惡的人海裡找出可以推心置腹的人，實在很困難，倒是想盡辦法謀取自身利益的人多得數不勝數。

有一類人，有時對你眞誠相待，有時卻突然翻臉不認人，至於何時眞何時變，完全根據現實的利益需要。這類人就像變色龍一樣，會以幾種面目示人，讓你琢磨不透，更無法防範。

從前，在一條河邊住著一隻蠍子和一隻青蛙。有一天，蠍子想要過河去找朋友，但因為不會游泳，只好爬到青蛙面前央求道：「青蛙先生，可以勞駕你背我過河嗎？」

青蛙回答說：「很抱歉，我必須拒絕你，因為你可能會在我游泳時螫我。」

「我為什麼要這樣做呢？」蠍子反問：「螫你對我毫無好處，因為你死了，我也會淹死。」

青蛙雖然知道蠍子的心腸非常狠毒，但又覺得牠說得很有道理，心想也許蠍子這一次會因為自己幫助牠而收起毒刺，於是就答應了。

青蛙背起蠍子，開始渡河。就在青蛙游到河中央時，蠍子卻突然彎起尾巴，狠狠地在青蛙背上螫了一口。

傷勢嚴重的青蛙大聲喊道：「你為什麼要螫我呢？螫我對你毫無好處，因為我死了，你就會淹死。」

「我當然知道，」蠍子一面下沉，一面說：「但我是蠍子，所以我必須螫你，這是我的天性。」

江山易改，本性難移。做人一定得謹慎，無論什麼時候都要小心提防這些善於「變臉」的人，無論他們說得再如何動聽誘人，也不可輕易相信。否則，到時候自己怎麼死的都不知道。

清末時期，光緒皇帝雖貴為一國之君，但實際權力卻掌握在慈禧太后手中，於是便想借助康有為、梁啟超等維新派削弱慈禧太后的勢力，擴大、鞏固自己的權力地位。

慈禧太后當然察覺出自己的權力正受到嚴重威脅，對維新變法橫加干涉。於是，這場變法運動實質上就成了光緒帝與慈禧太后的權力之爭。

在這場權力爭鬥中，光緒感到自己的處境非常危險，因為用人權和兵權全掌握在慈禧的手中。為此，他憂心忡忡地寫信給楊銳說：「我的皇位可能保不住，你們要想辦法搭救。」

維新派人士得到消息後，都非常著急。

就在這個時候，榮祿手下的新建陸軍首領袁世凱來到北京。袁世凱曾向康有為、梁啟超等人表態支持維新變法運動，康有為就向光緒帝推薦袁世凱，說他是個瞭解洋務又主張變法的新派軍人，如果能拉攏他，慈禧太后的力量就小多了。

光緒帝也覺得變法要成功，非有軍人支持不可，便召見了袁世凱，封給他侍郎的官銜，想拉攏他為自己效力。

當時，康有為等人認為，想取得變法成功，解救皇帝，必須先殺掉榮祿，而能夠完成此事的人只有袁世凱。

於是，譚嗣同深夜去密訪袁世凱，對他說：「現在榮祿他們想把皇帝廢掉，你應該用你的兵力把榮祿殺掉，再發兵包圍頤和園。事成之後，皇上掌握大權，清除那些老朽守舊的臣子，你就是一等大功臣了。」

袁世凱慷慨激昂地說：「只要皇上下命令，我一定拼命去幹。」

譚嗣同又說：「別人還好對付，但榮祿可不是等閒之輩，想要殺他恐怕沒有那麼容易。」

袁世凱瞪著大眼睛說：「這有什麼難的？殺榮祿就像殺一條狗一樣！」

譚嗣同著急地說：「那我們現在就決定如何行動，我馬上向皇上稟報。」

袁世凱想了想說：「時間太倉促了，我指揮的軍隊，槍彈火藥都在榮祿手裡，有不少軍官也是他的人。我得先回天津更換軍官，準備槍彈，才能行事。」

袁世凱是個詭計多端，又善於見風使舵的人，但康有為和譚嗣同卻沒能看透他。袁世凱雖然表面效忠光緒，但是心裡很明白掌握實權的是慈禧太后和她的心腹，早已和慈禧的心腹們勾搭上了。如今他更加相信這次爭鬥還是慈禧佔了上風，所以決定向榮祿告密。

袁世凱回到天津後，把譚嗣同夜訪的情況一字不漏地告訴榮祿，嚇得榮祿當天就到頤和園去面見慈禧，報告光緒試圖搶先下手的事。

第二天天剛亮，慈禧就怒沖沖地進到皇宮，把光緒帝帶到瀛台幽禁，接著下令廢除變法法令，又命令逮捕維新變法人士和官員。維新變法經過一百零三天，最後失敗。譚嗣同、林旭、劉光第、楊銳、康廣仁、楊深秀在北京菜市口被砍下了腦袋。

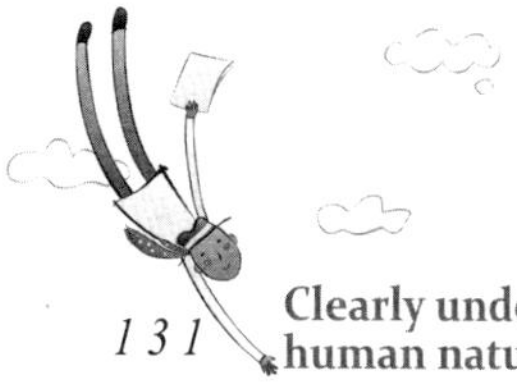

善於變臉的人萬萬不可交，他們慣於當面說一套，背後做一套，更常過河拆橋，不擇手段獲取自己的利益；他們很懂得什麼時候應該搖尾巴，什麼時候應該擺架子；何時應如同兇神惡煞一般，何時該表現出慈眉善目。

在你春風得意的時候，他們即使不久前還「狗眼看人低」，也馬上便會趨炎附勢，笑容堆面；當你風光盡失後，則立即滿臉不屑的神氣，說不定還會落井下石。他們才不管朋友不朋友，永遠以自己的利益爲最優先考量。

擅長變臉術的「朋友」，對你也不可能有什麼真心，他們只顧自己的利益，翻臉比翻書還要快，用得著時便對你甜言蜜語，用不著時就對你落井下石。所以，一旦發現你交往的人當中有這類變臉專家，就得趕快遠離他們，千萬別被他們迷惑了。

要謹言慎行，將聰明用在行動上

處於不利地位，或者危難之時，不妨先退讓一步，隱藏自己的心思，閃避對方的鋒芒，另闢蹊徑，重新建立有利於自己的情勢。

自認爲性情中人的人，大多以感性爲出發點去做事，一旦事情與自己的性情相牴觸時，往往不能忍受，任由性情主導，不能隱忍的結果，很可能就是失敗。

爲了避免失敗一再發生，遇到不利的情況，或者可能對自己造成傷害的情形，萬萬不能僅憑一時的衝動行事，而要提醒自己將心思隱藏起來，先理性地思考，再將聰明用之於行動。

劉秀是漢朝宗室後裔，祖上是南陽豪族，但到他這一代早已破落了。

王莽篡位當皇帝時，劉秀還是個少年。二十歲前後，劉秀先是到太學學習，結交了一批朋友，直到身邊的盤纏用盡，才回到家鄉。無奈他大哥劉縯的手下打家劫舍，牽連到他，使他莫名其妙被抓進牢裡吃了一陣牢飯。

劉秀出獄不久，同鄉李通、李軼兄弟來找他，給他看一條神秘的讖語：「劉氏當興，李氏為輔。」

讖語在當時社會很流行，有一定的煽惑力，劉秀早就看出社會即將面臨著一場震盪的考驗，這正是重建漢室的好機會。

於是，劉秀和李氏兄弟商議，徵得大哥劉縯支持之後，便糾集了一批人分別在新野、宛縣、春陵舉兵。

隨後，他們找到了新市、平林農民起義勢力的將領王鳳、陳牧等人，將兩支隊伍聯合了起來。

接著，劉秀成功地指揮了一場極其漂亮的以少勝多的戰役——昆陽大戰。這場戰役扭轉了反王莽勢力在軍事上的被動局面，把王莽官軍的主力消滅殆盡，按理說，劉氏兄弟理應受到重用。可是，劉玄和幾位農民領袖竟把劉縯殺了。

面對突如其來的噩耗，劉秀表現得極其冷靜。他知道，這時他的命運操縱在別人手裡，還不是報仇的時候。所以，他回到宛城後，在劉玄面前連稱自己有罪，說自己沒有勸導哥哥，以致犯下死罪。

新市、平林那班將領本來估計劉秀會來報仇，想趁機把他也殺了，沒想到他前來請罪，便不再說什麼。別人來勸慰劉秀時，他也口口聲聲只說自己有罪，絲毫不提自己在昆陽大戰中立下的戰功。

劉秀簡單地處理劉縯的喪事，言談、舉止和平時一樣。白天對人談笑風生，夜裡卻暗中飲泣，把整個枕頭都哭濕了。

劉秀的手下馮異，有一次看到了這個秘密，勸他要節哀，對他分析說，劉玄政權已完全失去人心，如果能另成立一支隊伍，大業必成。

機會終於來了。劉玄想派一個有能力的大將去河北擴充勢力，宗親劉賜建議讓劉秀去。本來，劉玄等人對劉秀並不放心，經劉賜鼎力說服，劉玄才終於同意派劉秀前往河北。

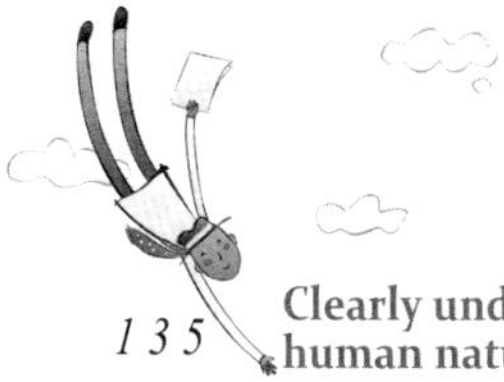

劉秀一到河北，如魚得水，每到一地，都以漢朝重建者的身分廣攬人心，同時廣泛網羅大小官吏，任用賢士，釋放囚犯，因而大得人心，展開了中興漢室的宏圖大業。

如果劉秀在情勢不利於己時，不能擺低姿態，慎言敏行，而是不顧自身實力魯莽復仇，結果必然是仇未報而身先死。他正是憑著藏心術，堅忍等待時機，最終不但報了仇，也成就了復興漢室的大業。

處於不利地位，或者危難之時，不妨先退讓一步，隱藏自己的心思。這樣做，不但能閃避對方的鋒芒，還可以另闢蹊徑，重新建立有利於自己的情勢。

「藏心隱忍」是一種玄妙的處世心法，更是處世謀略的運用。識時務者爲俊傑，所謂俊傑，並非專指那些縱橫馳騁、衝鋒陷陣的英雄，還包括那些看得準時局，能屈能伸的謀略家。

想受人崇拜，要先有內在

崇拜取決於一個人有沒有值得他人尊重的特質，巧取豪奪絕對達不到目的，必須名副其實，且耐心等待。

具有驕矜之氣的人大多自以爲高人一等，認爲自己很了不起，能力比別人強，看不起他人。由於驕傲，往往聽不進別人的意見；由於自大，往往做事專橫，輕視有才能的人，看不到別人的長處。

想要改變這些人，關鍵就在於必須讓他們忘記自己的地位，不要總是把自己置於在他人之上，覺得自己高人一等。

身居高位的人若放不下架子，忘不了自己的地位，就聽不到下級或群衆的意見，就會自己孤立自己。越是擺架子，越是挖空心思想得到別人的崇拜，就越不能得到。

崇拜取決於一個人有沒有值得他人尊重的特質，有無謙虛若谷的胸懷。裝模作樣絕對達不到目的，必須名副其實，才會累聚人氣。

擔任重要職位的人更需要具備相對的器量和風範，不應高高在上，傲慢待人；受到衆人尊敬，也應該是由於本身具有足夠的條件讓自己當之無愧，不是因爲自己的職位及其他外在因素。

據《戰國策》記載，魏文侯的兒子太子擊在路上碰到文侯的老師田子方，太子擊下車跪拜，田子方卻不還禮。

太子擊不禁勃然大怒說：「真不知道是富貴者可以對人傲慢無禮，還是貧賤者可以對人驕傲？」

田子方說：「當然是貧賤的人可以傲慢，富貴者怎麼敢對人驕傲無禮？國君對人傲慢會失去政權，大夫對人傲慢會失去領地，貧賤者計謀不被人所用，行為又不合當權者的意思，大不了就是收拾行囊離開，反正到哪裡都是貧賤。難道還會害怕貧賤，害怕失去什麼嗎？」

後來，太子擊見了魏文侯，告訴他遇到田子方的事，魏文侯感嘆道：「沒有田子方，我怎能聽到賢人的言論？」

富貴者、當權者心中往往比一般人容易產生驕傲的情緒，看不起地位不如自己的人。但是擁有權力的人，如果不懂得禮賢下士、虛心受教，就可能因爲自己的驕矜而失去權力，擁有財富的人則可能因此失去財勢。

在現實社會中，有的人獲得成功之後便居功自傲、狂妄自大，倘使不知道反省、節制，輕則會產生驕傲自滿的心理，重則驅使人做出失當違法的行徑，與成功背道而馳。

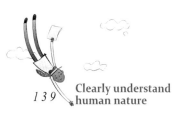

小心最賞識的人背叛你

所謂的人才很難辨識，但假如能知微見著、察言觀色，由表及裡地對一個人進行觀察審視，就不會被奸佞之徒蒙蔽。

中國古代政治思想家強調：「事之至難，莫如知人」，認爲世界上最困難的事就是知人。

人可以說是最複雜的動物。因爲，有的貌似賢人而實際上是強盜，有的外表謙恭但是實際上高傲輕慢，有的看似謹慎然而內心浮躁，有的外貌精明而實無才能，有的貌似忠良而心存狡詐，有的喜歡談論計謀而缺乏決斷，有的外似果敢但實際是蠢材，有的外似誠懇而行事奸猾。

也有的人外表糊塗而內心精明，有的外表孤傲而實際上平易近人，有的外貌嚴厲而內心溫和。

人往往難以從外貌看出眞正的內在，尤其是表裡不一而又善於僞裝的人，就更難辨別了。有些奸猾狡詐之徒常隱藏起自己的眞實目的，把卑劣的野心掩飾起來而一副大公無私的模樣，把邪惡裝飾成正直的樣子，而且以此迷惑別人。這方面的例子在歷史上多得不勝枚舉。

東漢光武帝劉秀被龐蔭蒙蔽便是典型的例子。

龐蔭在劉秀面前，表現得相當恭敬、謹慎、謙虛、順從，劉秀便認為龐蔭對自己忠心耿耿，多次公開讚美龐蔭是賢能之士。其實，龐蔭是一個很有野心的人，他表面上效忠劉秀，暗地裡卻伺機而動，當軍權一到手，便勾結敵人，把和他一起奉命攻擊敵人的自家兵馬消滅了。

最賞識的人背叛了自己，這對於劉秀來說，不啻當頭一棒，使他氣得七竅生煙，後來，雖然他把龐蔭消滅掉了，但是由於錯用人而遭受了巨大且難以彌補的

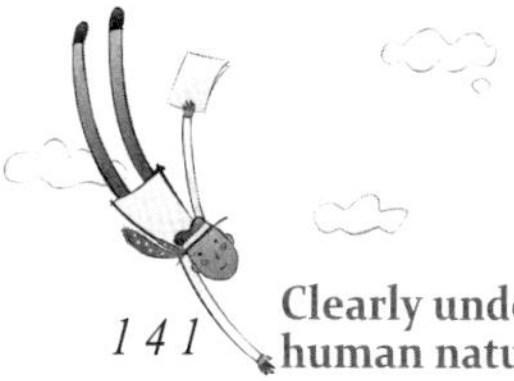

損失。

劉秀之錯，錯在被龐蔭製造的假相迷惑了。龐蔭是來自敵方的降將，還沒有重大貢獻足以證明他的忠心，劉秀就對他信任有加，最後遭到背叛，只能怪自己不長眼睛。

做人要藏心，做事要留心，如果你過於信任別人，凡事毫無保留，往往會陷入無法預知的圈套、陷阱裡。

劉秀是一個深謀遠慮的人，以誠信待人、知人而善任著稱，不少人因爲他的賞識而成爲東漢時代的英才。但是，「智者千慮，必有一失」，當他被奸臣的表面言行迷惑的時候，也難免犯下了終身難忘的錯誤，這也證明了識人的艱難。

所謂的人才很難辨識，但假如能知微見著、察言觀色，由表及裡地對一個人進行觀察審視，就不會被奸佞之徒蒙蔽，就會看穿這個人的眞實模樣，對他有眞正瞭解。

如果你的朋友變成了你的敵人

在實際生活中，我們既要防騙子、防小人、防無賴，也要防朋友，特別是自己最親密的朋友。

俗話說得好：「害人之心不可有，防人之心不可無」，做人絕對不能沒有防人之心。

堡壘最容易從內部攻破，事情最容易被自己最親密的朋友破壞，如果你的朋友變成了你的仇人或敵人，他的拳頭隨時可以擊中到你的要害。

當你在上位時，別人對你總有幾分敬意，你說話時，別人會唯唯諾諾，但是千萬不能就此認爲別人和你的想法是一樣的。

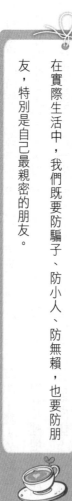

尤其是不該讓下屬知道的事，即使關係相當好，也絕不能透露；如果有怨氣，寧可找一個不相干的朋友去訴說。

在世情澆薄的商業社會，存一點防人之心，才是保護自己的最好方式。

當然，防人之心並不等於對所有的人一概存著猜忌、懷疑的心理。因爲信任總是相互的，你不相信別人，別人也不會相信你。

所謂的「防」，就是不說不該說的話，不說可能不利於自己的話。

在人際交往過程中，大部分人都有防人之心，對陌生人充滿戒備和警覺，生怕一不小心就上當受騙，對於一般的泛泛之交也是話到嘴邊留三分。

可是，人往往忽略了，能夠出賣自己，會對自己造成巨大殺傷的人，大多是自己最信賴的朋友。因爲，大多數人對推心置腹的朋友，不會懷著警戒心理，聚在一起就天南地北無話不說，毫無顧忌地把自己的心思和隱私全盤揭露，一旦朋友之間發生利益衝突，或者反目成仇，你的隱私就會被攤在陽光下，成了你的致命傷。

所以，在實際生活中，我們既要防騙子、防小人、防無賴，也要防朋友，特別是自己最親密的朋友。

與人交往需要坦誠，尤其是對朋友更需要坦誠相待，但是絕不能坦誠到讓別人一覽無遺的程度。

不要忘了，朋友只是充滿七情六慾的凡人，也會有人性方面的弱點、人格方面的缺陷，甚至也會有醜陋的邪念。赤裸裸的坦誠，會使你難以察覺朋友不光明的一面，你的內心不設防的結果，有時候會招致始料未及的「禍果」。

生活畢竟是現實殘酷的，而且充滿難以預測的變數。

如果你把自己最私密的事、最脆弱的部位攤在朋友的眼皮底下，一旦你的朋友變成了你的仇敵或競爭對手，那麼等待你的就是無窮無盡的痛苦，甚至給你帶來終生的災難。

社會上有太多的實例，足以讓我們省思再三。

例如，當你和你的好朋友之間爆發利益衝突或財務糾紛，或許你自信能坦然、客觀地面對，但是你能保證你的好朋友也會有相同的胸襟和氣度嗎？他不會背後詆毀你嗎？不會去想盡辦法去謀奪那些誘人的利益嗎？

誰也無法拍胸脯保證朋友一定會將心比心。因爲，友誼在利益面前往往會顯得如此蒼白無力。

許多殘酷的事實告訴我們，世界上沒有比自己最親密的朋友倒戈相向危害更深更大，更讓人傷心的了！因此，我們交朋友要相當小心謹慎，即使成了朋友，也不可毫無防人之心！

「逢人且說三分話，未可全拋一片心」，這句話雖然是老生常談，卻是人際交往中顛撲不破的一大原則。朋友之間，親密過度，就可能發生質變；過密的關係一旦破裂，裂縫就會特別深特別大，好友勢必會成爲冤家對頭。

如何防範身邊的小人

善於掌握壞人的行為軌跡，學會掌控惡人，馴服他、操縱他和防止被他陷害，這才是對付惡人的最高境界。

小人歷來是受人鄙棄的，因爲在一個團體裡，如果小人得勢，好人就會遭殃。然而，要識別一個人是不是小人，並不是易如反掌的事情。

小人往往虛情假意，處心積慮地想要欺騙別人；小人往往面善心惡，行事不露聲色，擅長僞裝。小人會爲一己之私利，不惜損害團體的利益，但是，小人再怎麼狡猾，總會有破綻可找，總會有防範和識破之道可循。

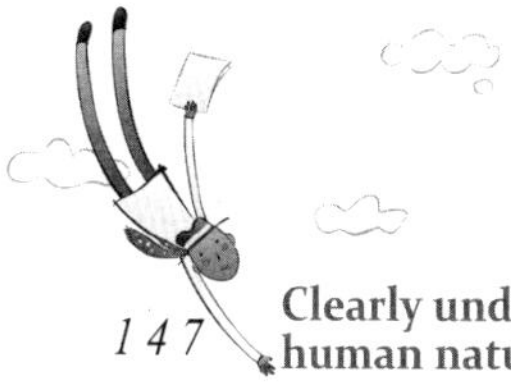

惡人也是小人中的一種。惡人通常指那些陰險、狠毒、不擇手段去算計別人的人，這種人是小人中危害性最大的，也是最應該特別防範的一種人。

日常生活中，總有一些善良的人會被毒蛇一樣的惡人欺騙、陷害。對於這種人如果不多加警惕，心慈手軟，就會遭到他們的毒手。有的人明明知道某人是個壞人，背叛過自己，卻存著僥倖的心理相信他能悔過自新、痛改前非，不加提防的結果，就是再一次吃虧上當。

另外，有一種人能夠認清陷害過他的惡人，拒他們於千里之外，因此不會再受傷害。但是，對於沒陷害過自己的惡人卻認識不清，儘管有人一再警告，但是因爲沒有親自領教過這種惡人的狠毒，因而不加提防，直到遭遇不測，才痛心疾首，恨之入骨。

這種不見棺材不掉淚的人，只相信自己的親身體驗而不相信別人的教訓，只接受自己的經驗而不善於吸取別人的經驗，結果可想而知。

誰都曾被小人陷害過，重要的是要吸取經驗教訓，提高自己的洞察力，對於

一時認識不清的人要格外防範謹慎，在使用不瞭解的人之前一定要經過嚴格的考驗，遇事多聽別人的意見。

善於掌握壞人的行爲軌跡，善於吸取前人的經驗教訓，學會掌控惡人，馴服他、操縱他和防止被他陷害的全套本領，這才是對付惡人的最高境界。

每個人身邊總會有幾個惡人，這些惡人不啻是身邊一顆顆隨時可能會爆炸的炸彈。他們總是到處鑽營使壞，他們表現善意並不是要幫助人，而是想利用別人駕馭別人。對於這種人，一定要讓他徹底馴服於你的權威之下。

但俗話說，明槍易躲，暗箭難防。小人的奸詐邪惡絕不會寫在臉上，所以要防範惡人，眞不是件容易的事。就是因爲難，所以更要特別注意，以下這兩種方法，或許能夠幫你提防小人。

首先是「不露聲色」，也就是讓別人摸不清你的底細，不隨便露出自己個性上的弱點，不輕易顯露自己的慾望和企圖，行事不露鋒芒，不得罪人，不要太過坦誠。

別人摸不清你的底細，自然難以輕易利用你、陷害你，因爲你讓他們沒有下手的機會。兩軍對仗，一旦虛實被窺破，就會給對方可乘之機，「防人」也是如此。當然，話說回來，假如爲了提防別人而把自己搞得神經兮兮，失去了朋友，那就有點草木皆兵，反而會成爲衆人排擠的目標。但無論如何，防人之心還是要有的。

其次是「洞悉人性」，兵法強調「兵不厭詐」，爭奪利益之時人心往往險詐得令人不敢相信，因此對他人的動作要有冷靜客觀的分析判斷。凡是不尋常的舉動，都可能包藏著不軌的意圖，把這動作和自己所處的環境一併思考，便可發現其中的奧秘，明瞭小人心中究竟打什麼算盤。

製造假訊息讓對手深信不疑

談判中嚴防訊息洩漏是談判者的常識，但在某種必要的情況下，可以間接把自己談判立場的細節等，悄悄的、裝作不經意地洩漏出去，以達到己方需要的某種目的。

《孫子兵法．軍形篇》說：「故善戰者立於不敗之地，而不失敵之敗也。是故勝兵先勝，而後求戰；敗兵先戰，而後求勝。」

古代善於行軍作戰的謀略家，總是不會錯過任何打敗敵人的良機，而不會坐待敵人自行潰敗。在日常生活或商業競爭領域也是如此，想要獲得輝煌的勝利，就必須從混亂中看準有利的機會迅速出手，「趁火打劫」與「製造假訊息」就是最常見的戰術。

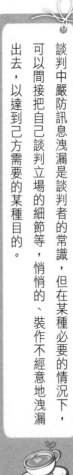

《三國演義》中有段精采的「蔣幹盜書」情節：曹操將水師屯於江北，隨時準備揮師渡江南下。為了探查軍情，他便派蔣幹前去東吳察看動靜，周瑜則趁機施展反間計。

當時，東吳情勢危急，由於北兵不習水戰，東吳唯一的致勝之道便是「火攻」，但曹操用了張允、蔡瑁兩個有能耐的水軍都督，絕不會將船一艘艘連著鎖在一起，以便己方火攻。周瑜正在為此事著急時，忽聞同窗蔣幹來訪，心中懸著的巨石終於落地。

周瑜與蔣幹相見，少不得痛飲一番，以敘同窗之誼。不久，周瑜假裝不勝酒力醉臥床帳之內，呼聲大作。

蔣幹受曹操之命到東吳來探查虛實，自以為已經把周瑜灌醉，可以暗中進行調查了。夜晚萬籟俱寂，蔣幹悄悄地摸進老同學周瑜帳內竊取軍情。他見周瑜醉臥不醒，就把置放在桌上的一封書信，偷回自己房中細看。

不看則已，一看不由得驚出一身冷汗，原來竟是張允、蔡瑁私通周瑜的書信。

由於事情緊急，他便趕緊過江覆命。

曹操看了書信後勃然大怒，頓時心生殺機，當即命人將新任水軍都督張允、蔡瑁捉來轅門斬首。

消息傳到周瑜耳裡，自然欣喜若狂。曹操仰賴兩位新任水兵都督進攻江南，東吳水師兵微將寡，顯然不敵。周瑜於是乘蔣幹來訪之時，偽造曹操水兵都督請降書信，信中內容全是「帶兵降吳，共討曹賊」之類的反叛言語。他把偽造的秘密書信故意擱在桌上，然後裝睡讓蔣幹去偷。

曹操見是蔣幹竊來的書信，信以為真，再加上疑心病重，居然自己除去了周瑜的心頭之患。

類似「蔣幹盜書」的情節也可以巧妙地運用在商業領域。

談判中嚴防訊息洩漏是談判者的常識，但在某種必要的情況下，可以間接把自己談判立場的細節等，悄悄的、裝作不經意地洩漏出去，以達到己方需要的某種目的。

當然，你也可以在談判過程中，突然揭開自己的面紗，如果以私下談話的方式直接洩密，可以說：「這可是我們私底下這麼說，我們老闆有可能與別家公司談判，而不是貴公司。」以此迫使對方降低需求，不過奏效與否，就看你是否能做得天衣無縫，讓對方信任。

另一招就如周瑜洩密一樣，對方渴望得到某方面的秘密，而且是在你「一時疏忽」之下得到，就會使對方視作珍寶，而你也最容易達到目的。

這一招靈不靈，還得看對手是否選擇採取窺探別人隱私的方法。

這一招的方法較多，例如爲了使對手認爲有其他競爭對象存在，可以把一本記載著競爭者姓名、電話號碼的本子，隨意擱在桌上，然後故意忘記帶走。記事本上還可以寫上其他競爭者的最低報價、自己的最高出價……等。

事情往往很奇怪，如果你直接告訴對方，他不一定會相信，如果任由對手偷偷摸摸地發現，反而會使他深信不疑。

所以，要製造假訊息，透過這種方式傳出去，效果會特別大。

太過高傲，只會招來失敗

> 自視甚高者其實是站在一堆石頭壘堆的山丘上，立基是不穩固，只要腳下的某塊石頭一鬆動，就有墜入深淵的危險。

一個人有了一定的成就，名聲自然倍增，但這並不是驕傲的資本，更不能因此而孤高自傲。

孤高自傲是成功者的特種病，是英雄腦袋中的惡性腫瘤，是天之驕子的致命剋星。人越是有成就，就越容易得到這種病，一旦染上了這種病，接踵而來的便是失敗。

西元二一九年七月，吳國將領呂蒙來見孫權，建議趁關羽和曹操在樊城作戰的時候偷襲荊州。這個建議正合孫權之意，立刻委以重任。

可是，關羽的警覺性不但很高，而且荊州軍馬整齊，沿江又有烽火台警戒，互通軍情，難以正面攻破。呂蒙正在苦思偷襲之策時，恰好陸遜來訪，獻了一條詐病之計。

陸遜說：「關羽自恃是英雄，無人可敵。唯一忌憚的就是將軍你了。將軍可趁此機會裝病，把陸口的軍務交給別人，又使接替的人大讚關羽英武，讓關羽驕傲輕敵。這樣，關羽就會把防守荊州的兵馬調去攻打樊城。一旦荊州沒有防衛，將軍只需用一旅的軍隊偷襲，便可以奪下荊州了。」

呂蒙大喜，託病回到建業，並推薦陸遜代接替自己守衛陸口。

關羽得到消息，知道呂蒙病重，已離開陸口，換來了一個名不見經傳的陸遜，遂有輕敵之心。

不久之後，關羽收到了陸遜送來的禮物，還附上一封措詞卑謙的信函，信中說：「你在樊城一役中，俘虜曹將于禁，水淹七軍，遠近讚歎，都說將軍的功勞足以流芳百世，縱是晉文公大勝楚軍的英勇，韓信打敗趙兵的謀略，也不及你老人家……」

關羽看了這封信之後，仰面大笑，命左右收了禮物，打發使者回去。他覺得陸遜只是個年輕書生，用不著防範，便下命令把原來防備東吳的軍隊陸續調往樊城前線。

就在這時，曹操派使者來到吳國，要求孫權夾擊關羽。孫權早已決定要襲取荊州，馬上同意，形勢急轉直下。

孫權拜呂蒙為大都督，總制江東各路兵馬，襲擊關羽的後方。呂蒙到了海陽，命士兵們假扮成商人，潛入烽火台，攻取了荊州。

事情演變到了這個地步，關羽才知道自己太大意，帶著日益減少的人馬準備南下收復江陵。但是，在呂蒙、陸遜分化瓦解下，關羽只能步步敗退，最後困守麥城。

在麥城既得不到西川的消息，又盼不來援兵，關羽只好帶一部分士兵偷偷地從城北小路逃往西川。但呂蒙早已派兵埋伏，一陣鼓響，伏兵四出，關羽被生擒活捉。同年十二月，關羽被斬首，荊州各郡縣皆歸東吳。

關羽之死，雖然令人感歎，卻也爲後人敲響了警鐘，像他這樣的英雄，尚且高傲不得，其他人哪裡還有高傲的理由？

自視甚高的人其實是站在一堆石頭壘堆的山丘上，立基是不穩固的，只要腳下的某塊石頭一鬆動，就有墜入深淵的危險。然而，那些不可一世的英雄卻渾然不覺，仍然獨自陶醉於「一覽衆山小」的壯志豪情中，殊不知正是這種時候，腳下的石頭最容易鬆動。

05

欺騙對手
也是一種有效手段

不管是什麼形式的角力，只要能靈活而生動地體會和運用這些攻守法則，你就能成為最後勝出的人。

敵人可能藏身在朋友中

敵人騙你之前，一定會先取得你的信任；當你相信他，別說是低下脖子來，就連叫你整個人彎下腰來，你也會願意。

南斯拉夫有句諺語是這麼說的：「一個人想騎到你頭上之前，通常會先誘騙你低下脖子。」

正因爲如此，做人做事必須適度隱藏自己的心思，謹言愼行，使他人無法洞察你的眞實意圖，如此既可防範他人傷害你，同時也能夠增強競爭力，爲自己創造更多成功的機會。

民國初年，袁世凱想稱帝的野心愈來愈大，當時他最忌諱的敵人，就是能力過人、勢力足以與他抗衡的雲南總督蔡鍔。為了斬草除根，免除後顧之憂，袁世凱設計將蔡鍔引誘到北京，封他一個有名無實的督辦，職責是負責丈量全國土地，然後暗中把蔡鍔軟禁起來，隨時派人在旁監視。

司馬昭之心，精明能幹的蔡鍔哪有猜不出來的道理？只是四面楚歌，情勢險惡，蔡鍔輾轉難眠的思量好幾天，研究該怎麼做才能突破困境，掙脫囚籠，全身而退又不禍及家人？

過了幾天，只見蔡鍔欣然接受袁世凱的安排，不僅表示對北京督辦這個職務極感興趣，還將家中老母和妻子都接來北京，並且大修宅院，似乎打算長期居住下來。接著，蔡鍔和袁世凱的親信越走越近，耳濡目染之下，成了酒家的常客，夜夜笙歌、花天酒地，甚至公然宣佈自己和名妓小鳳仙熱戀。

所有曾經支持他的人都感嘆英雄難過美人關，如今的蔡鍔耽於逸樂，是個好逸惡勞的花花公子，哪還能有什麼作為？袁世凱因此放下戒心，心想這個人是沒救了，就讓他繼續沉淪下去吧，根本不需要自己親自動手。

蔡鍔對旁人的好言相勸充耳不聞，也對陌生人的冷嘲熱諷無動於衷。過了幾個月，蔡鍔似乎發生一點家庭糾紛，當著袁世凱親信的面，狠狠地賞了自己老婆幾巴掌；蔡鍔的老母親一氣之下，帶著媳婦連夜趕回老家湖南。

少了母親和妻子的照顧，蔡鍔的身體狀況越來越差，彷彿是生病了。他以看病為理由，在天津的日本醫院中喬裝成日本人，找個機會逃到日本，再從日本跑回雲南和家人會合。

接著，他揭竿起義，討伐袁世凱，粉碎袁世凱做皇帝的美夢。

敵人騙你之前，一定會先取得你的信任；當你相信他這個人，別說是低下脖子來，就連叫你整個人彎下腰來，你也會願意。

朋友和敵人之分，通常只在一線之隔。正如古羅馬思想家塞內加所說過：「朋友是我們所喜愛的人，但是喜愛你的人，不一定就是朋友。」

什麼樣的人最好騙？陌生人比敵人好騙，朋友又比陌生人好騙；當你正逐步對別人卸下心防時，不妨想一想，他把你當成朋友，眞的是因爲喜愛你嗎？

欺騙對手也是一種有效手段

不管是什麼形式的角力，只要能靈活而生動地體會和運用這些攻守法則，你就能成為最後勝出的人。

在實際工作和生活中，許多人往往過於暴露與張揚，不懂得隱藏自己，喜歡把自己的一舉一動都置於別人的視野範圍之內，習慣什麼都和盤托出，不懂得運用眞眞假假，虛虛實實的技巧，最後只會爲自己招來麻煩。

《孫子兵法》強調：「兵者，詭道也。」

用兵之道，就是要善於迷惑和欺騙敵人，所以在己方實力強的時候，一定要想辦法裝出疲弱的樣子。

當離敵陣較近時，要設法使敵軍誤以爲你離他們還很遙遠，在離敵陣眞正遙遠的時候，也要設法使敵人誤以爲你早已兵臨城下。

當敵人覺得有利可圖的時候，要有意識地引誘他們進攻，在敵人陷於混亂的時候，要一鼓作氣將之擊潰。

我方軍備和戰鬥力充分時要想法僞裝，在敵人比自己的實力強大時，一定要想辦法避免與他們正面衝突。

這就是《孫子兵法》教導我們的「兵行詭道」，除了運用在軍事上之外，在政治、商業、爲人處世上更可以靈活運用。

大多數人並未深刻地領會《孫子兵法》中的「兵行詭道」，總是過於暴露與張揚，不懂得僞裝自己，不懂得自保，更不懂得「逢人只說三分話」的重要。

有些心事帶有危險性和機密性，不能隨便吐露。例如，在工作上承擔的壓力與牢騷，或是你對某人的不滿與批評，當你滿腹怨氣地傾吐這些心事時，就有可

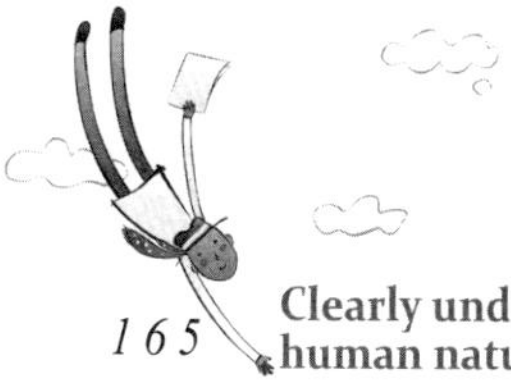

能在他日被人拿來當做修理你的武器。

所以，無論你是公司的主管，還是一般小職員，都要學會保護自己，學會隱蔽自己，這是我們取得成功相當重要的方法。

在《孫子兵法》中有一項攻守法則，「攻其所不守也，守其所不攻也」，強調想要攻擊敵人獲得勝利，就應該攻擊敵人不注意的地方。如果我們處於防守位置，那就應該留意平常看來不顯眼的地方，以免引起敵人重兵強攻。

行爲絕對不能遲疑不決，在攻擊和防守時需要投入更多的精神，因爲要對敵人的動靜瞭若指掌，必定要下功夫挖掘情報。

在攻守之間，情報策略是不可少的。不過，得到再多敵方的情報，也不能以爲從此就可以高枕無憂。因爲，在得手的情報中，可能隱藏著對方故意設計的錯誤資訊，如果因此而忽略了其中可能存在的陷阱，說不定會發生致命的大傷害，所以，不得不小心謹慎。

發動攻勢時，要設法攻擊對手防禦薄弱的地方，因爲此處是最爲對手忽略的地方，遭受的抵抗也最少。攻擊時，要讓對方摸不清意圖，然後伺機而動，才能出其不意地直搗對方核心。

所謂戰術，就是爲了達成目標所使用的方法，如果懂得用各種不同的戰術騷擾對方，讓競爭對手忽略你眞正的意圖，那麼勝負已可預見。

所以，在獲得一分情報時，不能僅看它表面所傳達的訊息，必須保持愼重的態度，了解內在的實質意義。

孫子所說的「能爲敵之司命」，就是要我們瞭解、掌握無形的戰術，掌握了對手的命運，就掌握了勝利。

不管是什麼形式的角力，只要能靈活而生動地體會和運用這些攻守法則，你就能成爲最後勝出的人。

逞強，只會落得悲慘下場

不管做什麼事之前都要先秤秤自己到底有幾兩重，不要打腫臉充胖子，否則就會因為一時的逞強而落得更悲慘的下場。

想在人性叢林中明哲保身，必須明確洞悉自己遭遇的對手，同時也要客觀地評估自己有多少能力，眼前面臨什麼狀況，並且用最正確的方法面對。

不先秤秤自己究竟有幾兩重的人，在現實生活中永遠是輸家。

很多時候，平庸並不可恥，可恥的是平庸卻硬要充英雄；不學無術也不可恥，可恥的是不學無術又沒有自知之明。

西元二二三年，蜀漢的建立者劉備因病去世，隨後，他十六歲的兒子劉禪即位，人稱後主。

劉禪是個昏庸無能的人，即位初期由於丞相諸葛亮等人的輔佐，還能好好地治理國家。後來輔佐他的人先後去世，他自己又只知道玩樂，因此把國家治理得越來越糟糕，國勢日趨衰弱。

西元二六三年，魏國大將鄧艾攻下綿竹，大軍直逼成都，劉禪只好投降，當了俘虜，至此蜀漢滅亡。

不久，魏帝曹奐命劉禪遷到魏國都城洛陽居住，並封他為安樂公，給予他很多賞賜。劉禪對此很滿足，毫不在意地在異國他鄉重過享樂生活。

當時，魏國的大權掌握在晉王司馬昭手中。有一天，司馬昭請劉禪飲酒，席間，特地為他表演蜀地歌舞。

在場的蜀漢舊臣看了，不禁觸景生情，心中十分難過，有的還掉下了眼淚，只有劉禪觀看得津津有味，樂不可支，臉上全無亡國之恨。

司馬昭見到這種情況後，感到相當不屑，私下對一位大臣說：「一個人竟然可以糊塗到這等程度，真是不可思議。如此看來，即使諸葛亮還活著，也不能保住他的江山！」

席間，司馬昭故意問劉禪說：「你思念蜀地嗎？」

「我在這裡過得快樂，根本不思念蜀地。」劉禪回答說。

過了一會，劉禪起身離席，原在蜀漢任職的郤正跟到廊下，暗地裡對他說：「今後大將軍再問您是否還思念蜀地，您應該哭著說，我沒有一天不思念。這樣一來，您還有希望回到蜀地去。」

不久，司馬昭果然又問劉禪是否還思念蜀地，劉禪照郤正所教的說了，還勉強擠出了幾滴眼淚。

不料，司馬昭已知道郤正教劉禪說這話的情況，聽後哈哈大笑，當場加以拆穿，劉禪只得承認下來。

劉禪是歷史上有名的「扶不起的阿斗」，不過，儘管他沒有治國平天下的才能，卻有著裝瘋賣傻的活命本領。

蜀漢原本就是三國之中最弱的國家，即使在名相諸葛亮治理之下，都沒有辦法興盛了，平庸的劉禪自然只求能輕鬆享樂過活。

諸葛亮死後，蜀漢很快地就投降，原本就是大勢所迫，責怪劉禪似乎沒什麼道理。身爲俘虜，他倒也不太在乎，因爲在軟禁生活，他無需管理朝政，反而落得輕鬆，開心度日。

或許，看在那些蜀漢舊臣眼中，他這般樂不思蜀的模樣實在令人黯然神傷，但正是因爲他的平庸、無能，讓司馬昭沒有威脅之憂，心軟之下才留他一命，沒有趕盡殺絕。

這點說明了，人想要過得快活，就必須有自知之明，徹底認清自己的能力，以及置身於什麼環境。

不管做什麼事之前都要先秤秤自己到底有幾兩重，不要打腫臉充胖子，否則就會因爲一時的逞強而落得更悲慘的下場。

千萬不要和小人結仇

陰狠歹毒的小人，現實生活中到處都是，常常因為你不知不覺間得罪了他們而懷恨在心，伺機興風作浪將你吞噬。

《孫子兵法》說：「利而誘之，亂而取之，實而備之，強而避之。」藏心、留心是做人做事的基本守則。如果敵人貪利，那就用利益引誘他；如果敵營混亂，那就要乘機攻破他；如果敵人力量充實，那就要加倍防範他；如果敵人兵力強大，那就設法避開他。

對付那些令人厭惡的小人更是如此，千萬要小心防範。

唐德宗時期的宰相盧杞是個奸詐陰險的小人，善於揣摩人意，工於心計，而且言行十分恭謹，容易取得別人的信任，正應了「大奸似忠」這句話。盧杞靠著左右逢源的本領，很快就由一個普通官員爬上了丞相的寶座。盧杞當上丞相之後，與其他奸臣一樣，當務之急就是鞏固自己的權位，想盡辦法打擊異己。

當時，與盧杞同朝為相的楊炎，是個有名的理財能手。楊炎長得上一表人才，而且博學多識，頗有政才。然而，他雖有宰相之才，卻無宰相應有的智慧，尤其是在處理同僚關係上，經常恃才傲物，目中無人，嫉惡如仇。對盧杞這樣的小人，他既不放在眼裡，也缺乏一個政治家應有的圓融和世故。

唐朝有個制度，就是幾位丞相每天要在政事堂一起同餐一次，叫做會食。楊炎因為瞧不起盧杞，多次藉故推辭。每次上朝後都推說自己身體不好，獨自到別處休息，不願與盧杞一起共商國事。如此一來，盧杞對楊炎更是忌恨有加，欲除之而後快，從此二人積怨越來越深。

盧杞深知自己不是科班出身，而且相貌醜陋，不是楊炎的對手，所以只能極盡阿諛奉承之能事，並逐漸取得了唐德宗的信任。

不久，機會終於來到了。節度使梁崇義背叛朝廷，拒不受命。唐德宗便命淮西節度使李希烈帶兵討伐。然而，楊炎不同意重用李希烈，認為此人反覆無常，因此極力諫阻。唐德宗聽了甚是不高興。

李希烈最後還是受命掌握兵權，討伐梁崇義。但當他掌握兵權之後，正好碰上連日陰雨，行軍速度遲緩。

唐德宗是個急性子，就命人傳盧杞上朝商議。盧杞見機會已到，就順勢向皇上進言說道：「李希烈之所以徘徊拖延，只要是因為楊炎掌權，心有疑慮。皇上又何必為一個楊炎而耽誤了大事呢？不如暫時免去楊炎的丞相職位，使李希烈不再心有顧忌，如此一來，他就會竭盡全力為朝廷效力了。事情過後再起用楊炎，相信楊炎會體諒皇上的苦衷。」

唐德宗竟認為盧杞的話有理，聽信了他的話，免去了楊炎的的丞相之職。就這樣，楊炎因為不願與小人同桌就餐，而莫名其妙地丟掉了相位。

但是，事情至此尚不能消解盧杞心中的怨恨。不久，盧杞又進讒言，害死了被貶的楊炎。

盧杞向唐德宗上奏，詭稱楊炎建家廟的地點，正是開元年間宰相蕭嵩準備立廟的地方，當年因為玄宗皇帝曾到此巡遊，看到該處王氣很盛，就讓蕭嵩將家廟改建到別的地方了。如今楊炎又在此處修建家廟，必是居心叵測，想要謀反。盧杞聲稱，近日來，長安城內到處謠言四起，說：「因為此處有帝王之氣，所以楊炎要據為己有，這必定是有當帝王的野心，再明白不過了。」

昏庸的唐德宗聽後，也不問其真假，便勃然大怒下令縊殺楊炎。就這樣，盧杞借皇上之手，幹掉了自己的一個強敵。

像盧杞這樣陰狠歹毒的小人，現實生活中到處都是，常常因爲你不知不覺間得罪了他們而懷恨在心，伺機興風作浪將你吞噬。

因此，應該時時提防這類小人暗中破壞做亂，否則你不懂做不好工作，自己的前途也可能毀在他們的手中。

「不與小人結仇」，這是每個人都不能不記取的警世之言，除非你甘願讓自己的前途佈滿坎坷！

在競爭中要提防諜報活

任何微妙之處，都會用上間諜。要有防人之心，尤其是在激烈的競爭當中，更要嚴防對手不擇手段的諜報活動。

一個優秀的領導統御高手，常常以正攻法作戰，而以奇兵之法大獲全勝。所以，那些善用奇策、善出奇兵的領導者，往往能在競爭之中左右逢源，如魚得水，游刃有餘。

爲了理解「以正合，以奇勝」的戰法，我們來看看在第二次世界大戰中，那次舉世注目而又激動人心的大戰役「諾曼第登陸」，指揮這場戰役的是當時的盟軍總司令，也是後來的美國總統艾森豪。

當時，在美、英、法幾個大國首腦斡旋下，決定組成一支聯軍，渡過英倫海峽，從法國北部的諾曼第登陸，然後在德國的西部戰場開闢一個新的作戰區域，這樣就可能加速戰爭的進程，早日結束戰爭。

聯軍的總司令由美國著名軍事家艾森豪將軍擔任，他充分考慮到，如果德國軍隊有所防備而佈下重兵，那麼聯軍在歐洲西部登陸將傷亡無數，甚至因此而喪失這場戰爭的主導權，德國則可能反敗為勝。

最後，他決定使用「反間計」，以迷惑德國法西斯。

按照艾森豪的計劃，盟軍總部找來一具屍體，並為他穿上聯軍軍官的衣服，還配上證件，然後將屍體悄悄扔到德義法西斯控制的地盤上。

不久，德義法西斯軍隊發現這具屍體，並搜出一封信，他們相信這位軍官是美國軍隊某海軍中隊的中尉，極可能是在執行任務中不幸落水身亡。那封信已很難辨認，後來經過技術處理，才知道是一封極為重要的機密情報。

信上大意是，聯軍打算在地中海的西西里島登陸，然後由此北攻義大利，之後再往北推進與蘇聯紅軍進行夾攻，一舉擊潰德國法西斯。因此，德軍研判，這位死亡的中尉正是在接到上司的密令，前去考察地中海沿岸的地形時不幸落水遇難的。

一切都在艾森豪的預料之中，這封密函很快被送往希特勒手上，但是聰明的希特勒確實非等閒之輩，並沒有輕易地相信這一封來歷不明的信，不過他也不願輕易放過這個情報。

於是，他命令情報機構儘快查出真相，弄清這封信的可信度。

機智過人的艾森豪將軍，也立即請有關人員及時地在聯軍的軍事通訊簡報上，登上這位中尉在考察地形時遇難的消息，於是德國軍方經過查證，很快地便相信這位中尉的身分，並上報希特勒。

於是，希特勒決定將大量軍隊駐防在地中海沿岸，以防聯軍在西西里登陸，而在此時，艾森豪將軍則做好了諾曼第登陸的準備。登陸戰役展開之後，希特勒才知道自己上了大當，但是，他想在短時期內重新進行戰略部署為時已晚。

諾曼第登陸戰役的重大勝利，讓盟軍吹響反攻號角，也決定了法西斯德國和希特勒的潰敗。

一招「反間計」，完全改變了一場舉世注目的戰局的命運，同時也證明了戰術必須屢屢出奇招，才有致勝的可能，只要善用奇策，就能改變困頓的戰況。

雖然這種謀略的方式，可以運用在彼此競爭的公司間，但是，非到萬不得已，不要把它用來對付自己的同事、自己的上司和下屬。

在軍事或政治、商業行動中，有一種身分特殊、行事神秘、專門蒐集情報的人物，我們稱之爲間諜，而各種不同類型的間碟，會進行不同的諜報活動，其中尤以反間最爲大家所熟知。

所謂「反間」，是指收買或利用敵方派來的間諜爲我方效力。

在諜報戰中，沒有人比間諜和統帥的關係更密切，沒有人比間諜更瞭解事情的來龍去脈。但是，統帥若不是才智過人，也無法將間諜辛辛苦苦收集起來的情報運用於作戰，如果統帥不是個仁義寬厚的人，間諜也不會爲他賣命，而且還有可能反戈一擊，向敵方投誠。所以，若不能做到用心精細、手段微妙的人，就不

能分辨出間諜取得的情報是眞是僞。

任何微妙之處，都會用上間諜。事實上，諜報活動不但出現在各個領域的激烈競爭上，也或多或少出現在我們的日常生活和工作場合。

不過，從另一個角度來說，如果你用這種方法來對付自己的同事，那麼你的人際關係恐怕會有很大的問題。一個人際關係很糟糕的人，是沒有多大希望晉升領導階層的，更不要說成爲什麼領導高手了。

一如《紅樓夢》中，那個聰明潑辣的王熙鳳，便可說是聰明絕頂，然而聰明過頭的她，卻把聰明才智誤用到家人的身上，所以《紅樓夢》說她「機關算盡太聰明，反誤了卿卿性命」，不正是聰明反被聰明誤的最佳寫照？

不過，這也提醒我們要有防人之心，尤其是在激烈的競爭當中，更要嚴防對手不擇手段的諜報活動。

要面子，也要顧銀子

談判者要有面厚心黑的修養，不可以用不尊重對方的語氣説話，否則只會贏了面子，而輸了裡子，甚至丟了銀子。

談判是利益的較量，也是辯才和臉皮厚薄的較量。

談判日期訂立後，事前應該透過不斷演練，來檢驗談判內容的周密程度，以求修正和改善自己臉薄心軟的缺點。

許多商場老狐狸進行談判前的縝密計劃，往往令人驚訝。

他們對於重要生意的談判，事先進行多次演練是常有的事，對於在談判中可能出現的每個細節問題，也都做了充分準備。

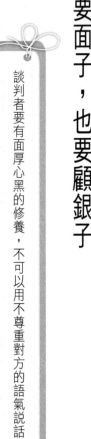

這種方式使他們增強了應變實力，也增加了折衝優勢，即使說謊也得臉不紅、氣不喘，因而成爲談判桌上的大贏家。

已是萬家燈火的時候，某家車床公司的總經理還在辦公室裡與他的夫人爭論得面紅耳赤：「我按合約規定，在上月十八日將兩台車床運送到貴公司。貴公司為何不將首批貨款於當月三十日匯出？」

他的夫人振振有詞地反擊說道：「因為，我們在三十日以前，並沒有收到貴公司送來的車床。」

「那不是我們的責任。我們按合約如期送出，有憑據可查。」

「可是，貴公司為何不以急件處理呢？」

總經理的火氣更大了：「合約上並沒有要求這一項呀！」

然而，他的夫人卻露出冷笑，一副狡猾的模樣，平靜地規勸：「你的聲音這麼大，你是想以聲勢壓人嗎？要知道，有理的人說話不必大聲。」

知道內情的人，對此莫不發出會心的微笑。

原來，總經理不久要和理亞金屬加工公司進行談判，今晚特地請他的夫人扮演理亞公司總裁，以模擬談判過程。

談判者預先進行角色扮演時，可用不同的人充當對手：有的急躁粗暴、有的道貌岸然、有的不拘小節、有的吹毛求疵，儘量將對方可能提出的尖酸刻薄問題，和反駁的理由設想出來，預測談判的可能結果，進而對預期目標重新評估。如此，就可以在演練中發現談判計劃的疏漏和一些不符實際的弊端。

另外，談判者的穿著言行也是很講究，絕非等閒小事。如同夫人指責總裁的怒氣一樣，談判者要有面厚心黑的修養，不可以用不尊重對方的語氣說話，否則只會贏了面子，而輸了裡子，甚至丟了銀子。

此外，談判者代表企業，影響企業形象甚大，所以，談判代表的服裝配飾必須煞費苦心。

傳聞松下電器公司的總裁松下幸之助，原來是個不修邊幅的人，頭髮蓬亂，

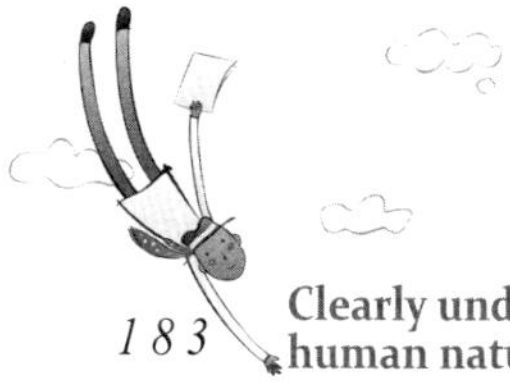

衣衫縐舊，皮鞋也不常擦，活似個邋遢老頭，而不像赫赫有名的大總裁模樣。

有一次他去理髮廳理髮，當理髮師得知他就是大名鼎鼎的松下總裁時，驚訝之餘，嚴肅地批評道：「你這樣不注意自己的外表怎麼行呢？別人會從你的身上聯想到公司的形象，總裁的外表這樣邋遢，別人對公司的印象會好嗎？」

松下幸之助悟出其中眞諦，於是來個全身上下徹底的改觀，服裝整齊，皮鞋閃亮，頭髮油光，給人肅然起敬的威懾力量，而在商業折衝過程無往不利。由此可見，營造自己的形象，也是談判過程中不可忽略的重要環節。

不管是商業利益或人際關係，談判或折衝都是我們經常遇到的課題，必須設法讓自己既贏了面子，也贏了銀子。

死纏爛打也是求勝的方法

當彼此的交涉過程陷入僵局之時，厚著臉皮死纏爛打的交涉模式，有時會發揮不可小覷的功效。

《孫子兵法》說：「辭卑而益備者，進也，辭強而進驅者，退也。」不論戰爭或是談判、交涉，總是虛虛實實，軟硬不斷替換，如果強硬手段無法屈服對方，那麼就改採軟調說法。

一家設備製造公司準備向某國外廠商銷售一套設備，由負責該公司出口業務的Y君進行交涉。一套設備價值幾億元，年輕而資歷又淺的Y君能否擔此重任，公司正拭目以待呢。

Y君與對方經過幾番談判，漸漸觸及到價格的問題，公司和Y君都對這一套設備寄予賣好價錢的厚望。可是，就在此時，對方認為Y君的報價「至少貴了三成」，意思是報價與對方出價差距太大，沒有再談的必要。

談到這一步不容易，現在放棄，豈不是太可惜？對方的業務員再次強調，不降三成就免談，立場很強硬，不留商量的餘地。然而，設備製造公司覺得降價的幅度不可能這麼大，因此，成交的信心開始動搖。

Y君反覆思考後，鐵了心想：「要放棄這筆生意可以，但絕不是現在，目前已到了破釜沉舟的時刻，不如再博一把。」

在對方已經拒絕談判的情況下，Y君還想扭轉乾坤、反敗為勝，簡直有些不知天高地厚。可是他不這麼想，他認為反正大不了給對方一腳踢出門罷了，於是做了心理準備後，硬著頭皮去敲對方的大門。

當Y君向對方提出可以降價三成時，對方接洽人簡直嚇呆了，心想已經說過免談了，這小子怎麼又找上門來了？於是道：「這種價格可不是我能夠決定的，我得向主管請示。」

主管自然也還記得他已表明過不必再談，但一看到Y君的出現，聽到他提出的價格，也呆愣愣的不知說什麼才好。

Y君堅持道：「我是真的很想做成這筆生意，現在向貴公司提出的這個價格，我們的讓步相當大。如果貴公司還不能決定，我是不會輕易就此離去的。」

這位外國廠商主管為Y君的決心折服，雖然離公司的出價還有些距離，但仍可以從下筆交易中補回，於是召來業務員，準備起草合約。

事後，晉升為主管的Y君回憶說：「正因為對方主管是個城府很深的人，對交易上的考量不會只著眼於眼前的局部利益，所以，我的上司才敢派我這個涉世未深，而不知道畏懼的毛頭小子前往交涉。現在，我在指導部屬之時，也會放手讓他們自己去闖闖看。」

剛調入該公司內銷部門不久的J君，接到一件客戶抱怨的案子。對方的採購課長打電話來說，購買的高爐有問題，要求設備公司派J君與技術人員一同前往處理。可是，技術人員一直無暇前往，結果對方被激怒了，指責J君說：「你沒有做好妥善安排，是你的不對。」並且揚言說：「再也不向你們採購了！」

對方是設備製造公司的大客戶，每月都有固定訂單，而設備製造公司本來就訂單不足，競爭公司還在拉他們的客戶，在這種情況下，若再失去這個大客戶，公司就損失太大了。J君急得如熱鍋上的螞蟻，反覆向對方解釋，交涉卻一直無效，到第二個月訂單果真停了。

J君見事情砸在自己的手裡，便想反敗為勝，很有耐心的每天都前去拜訪這位強硬的採購課長，站在課長辦公桌前說：「請給我一個機會吧！」一站就是二十分鐘。見對方一聲不吭，埋首工作，J君就說：「我明天再來好了！」

第二天，J君準時到達，一站又是二十分鐘，課長還是不理不睬。一個星期過去了，課長終於被J君的誠意感動，於是兩方再度展開生意的往來。

當彼此的交涉過程陷入僵局之時，厚著臉皮死纏爛打的交涉模式，有時確實會發揮不可小覷的功效。譬如，J君就是靠自己的決心、耐心、苦心、誠心，贏得了對方的信任，最後挽回了劣勢。

製造輿論達成自己的目的

利用廣告行銷的手法，來達到宣傳與刺激人心的效果。不急功好利，凡事循繼漸進，等待最佳時機的到來。

歷史上的帝王爲了掌握權勢，擁有榮華富貴，有時也必須製造輿論宣傳，讓自己可以名正言順的登上龍位。

武則天是中國歷史上第一個女皇帝，威名至今仍歷久不衰。

原本是唐高宗寵妃的武則天，自從得寵之後，便經常在唐高宗身邊協助處理各大小政事，讓她有機會掌握朝中大權。

唐高宗去逝後，繼位的唐中宗品性懦弱，凡事都聽母親的話，這也讓武則天萌生野心，想要自立為帝。只是，在當時男尊女卑的社會中，想要女人當家，談何容易？武則天明白自己當皇帝的時機還未到，只好暫時另立豫王為唐睿宗，讓他做個掛名皇帝。

然而，不少大臣卻屢屢勸諫，要武則天儘早把權力交還給睿宗，李敬業甚至召集十餘萬兵馬，誓言要殺掉垂簾聽政的武則天。

面對如此強大的反對力量，武則天心裡明白，即使目前坐上皇帝寶座，眾人不服，民心不穩，恐怕要在歷史上留下惡名。於是，她決定要費些時間為自己製造擁戴的聲勢，改變人們的觀點。

表面上，她先是擺擺樣子歸政於睿宗，暗地裡卻要他堅決辭退，讓外界覺得自己像似逼不得已才臨朝掌政一般。

接著，她又讓侄子武承嗣派人在石頭刻上「聖母臨人，永昌帝業」幾個字，並塗成紅色，扔進洛水，由雍州人唐同泰取來獻給朝廷。於是，武則天便親祭南郊，稱此石為授聖圖，改洛水為昌水，封洛水神為顯聖侯，給自己加封聖母神皇，並舉行了聲勢浩大的拜洛受瑞儀式。

此外，她又命令一位御史率領關中百姓九百餘人，來到朝廷上表，懇請武則天親臨帝位，武則天佯裝不答應，卻又馬上把這個御史升職為給事中。當大家看見這個御史如此輕易就升官，開始紛紛效法，上表奏請武則天登上帝位。

如此大造輿論，百姓們都以為武則天稱帝是上應天意、下順民心，而百官群臣或為升官或為自保，也順水推舟恭請武則天早日登位。

時機成熟之後，武則天這才廢了睿宗的帝位，親自登基，成為一代女皇。

以現代角度來看，武則天正是利用廣告行銷的手法，來達到宣傳與刺激人心的效果。不急功好利，凡事循繼漸進，等待最佳時機的到來，正是她的重要手段，更是從古至今，許多成功者一再提醒我們的成功要點。

06

在關鍵時刻 做最正確的取捨

對待身外之物應該抱持著「難捨能捨，難得能得」的態度，若不勇於捨棄，便無法得到我們想要的成果，不是嗎？

沒有信用，就得不到敬重

> 一個信用破產的人，不但不會有任何真心的朋友，也難以得到他人的支持與尊重！

「誠信」是非常可貴的美德，不論置身哪個位階，從事什麼行業，能獲得他人對自己的信任，都是千金難買的寶貴資產。

昔時商鞅不惜花費數百金立柱爲信，就是爲了爭取到大家的「信任」，今天有許多大企業遭遇到危機的時候，即使賠了錢仍然要維護住自身品牌的「商譽」，也是相同的道理。

我們由這些例子中不難了解，「信譽」是多麼重要！

周朝末年，褒國有一個貴族不知道什麼原因觸犯了王法，被周幽王抓了起來。周幽王好色，這個貴族的家人為了營救他，便四處尋找美女。有一天，一個家僕偶然從褒姒家門口路過，看見一個十四五歲的絕色美女正在井邊打水，心中狂喜，趕緊回去報告主人。

這個貴族家的人立即用重金把褒姒買過來，送給周幽王。周幽王一見，果然是人間絕色，非常高興，不僅把這個貴族放了，還升了他的官。

從此，周幽王就專寵褒姒一人。後來褒姒又為他生了一個兒子，名叫伯服，周幽王為了討好褒姒，不僅把王后廢了，立褒姒為后，而且把太子也趕走了，立伯服為太子。

可是，青雲直上的褒姒卻總是鬱鬱寡歡，自從進宮之後，從來沒有笑過。周幽王千方百計逗她開心，只求美人一笑。但是，幾乎所有的方法都試遍了，褒姒仍舊是一副眉目含愁的模樣，讓周幽王無計可施。

終於有一天，周幽王想到了一個自以為很聰明的辦法。那時候都城四周都設有烽火台，每當軍情緊急，需要救援的時候就會燃起狼煙，周邊的諸侯看見了，就會發兵來救。周幽王為了博美人一笑，竟點燃了烽火台，結果各路諸侯以為京師有難，立刻帶領軍隊急急忙忙跑來救援。趕到京城一看，才知道是周幽王開了天大的玩笑，於是個個帶著憤怒和被戲弄的羞辱離開。

各路諸侯在京城裡你推我擠，鬧得不可開交，亂成一片。周幽王帶著褒姒站在城樓上，看著這混亂局面，果然，不知多少年沒笑過的褒姒綻開了比春花更美的笑容。

後來，西方的犬戎舉兵攻打周幽王，打到京城的時候，從來不理朝政的周幽王這才著了急，連忙叫人點起烽火，可是先前受騙上當的諸侯們，以為這回又是周幽王尋開心，結果一個也沒有來。

周幽王帶著褒姒向東逃跑，最後被殺死在驪山，褒姒也被犬戎俘虜。從此，周王朝就名存實亡了。

西方也有個類似這樣的「狼來了」的故事，放羊的孩子爲了戲謔他人，輕慢地玩弄他人對自己的信任，最後的結果如何，相信大家都很清楚。

周幽王比起那個喊著「狼來了」的放羊小孩更加不該的是，他是一國之君，肩負的責任更爲重大，要付出的代價也更爲慘痛，不但葬送自己的性命，連帶將國家與王朝都賠上了，更不知道連累了多少無辜的百姓！

手上的權柄越大，對於自身的行爲就必須更爲小心謹愼。即使是普通如我們，也千萬不能爲了任何原因，將千金難換的「誠信」，還有自己的名譽丟在地上踐踏。一個信用破產的人，不但不會有任何眞心的朋友，也難以得到他人的支持與尊重！

留心那些過河拆橋的人

為任何人付出信任與努力之前，一定要仔細地想一想：這個人值得為他這樣做嗎？這個人能夠共患難，也能夠同享福嗎？

在人類過去的歷史中，一個王朝或霸權的建立，不會只是一兩個人的功勞。在開國君王的身邊，總是有幾位爲了共同理想而奮戰不懈的功臣，他們爲了完成君王的霸業，奉獻自己的青春與歲月，最後終於能得到勝利的果實。如果是一般的童話故事裡，或許能在「從此大家就過著榮華富貴的日子……」這樣的結語中結束，但是事實上呢？

事實是無比殘酷的，很多人只能共患難，事成之後不能共享樂，越王勾踐就

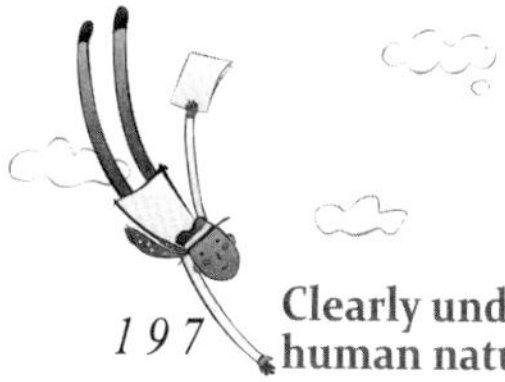

是代表性的人物。

春秋末期，范蠡和文種是越國最著名的兩位功臣。

吳越爭霸的時候，越國曾經被吳國打得慘敗，范蠡和文種一起陪著勾踐夫婦在吳國做了三年奴僕，直到吳王夫差生病，范蠡獻計，一群人才得以回國。在兩名賢臣輔佐下，越王勾踐臥薪嘗膽，經過十多年精心準備，終於報仇雪恨，逼死了夫差，滅掉了吳國。

滅吳之後，勾踐大擺筵席慶功。席間群臣歡笑，喜氣洋洋，只有勾踐悶悶不樂。范蠡察覺勾踐是個只能共苦，不能同甘的人，現在越國消滅了吳國，目標已經實現，那些有功之臣沒有了利用價值，還有功高震主之虞，反倒成了心腹之患。於是范蠡急流勇退，辭官退隱，離開了越國。

臨行前，范蠡寫了一封信給文種：「鳥兒打光了，良弓就要收藏起來；狡兔死了，獵狗就會被烹煮。越王的面相長頸、鳥嘴、鷹眼、狼足，這種人只能共患難，不能同安樂。還是早點離開吧，不然禍患就不遠了。」

文種看了范蠡的信將信將疑，後來意識到自己的處境極度危險的時候，想要抽身已經遲了。

勾踐本來就想把范蠡、文種一起殺掉，於是當有人進讒言說文種要造反的時候，連真假也不問，像當初吳王賜死伍子胥一樣，讓人送文種一把劍，對他說：「你當初曾經教我九種滅吳的策略，我只用了三種就把吳國滅了；還有六種，你到地下去奉獻給先王，試試看效果如何吧！」

文種接了劍，長嘆道：「真後悔當初不聽范蠡的話，如今果然遭到了越王的毒手。」然後，文種又哈哈笑道：「想我原只是南陽一個小官，做官做得好好的，卻自投羅網，跑來做了越王的死因。」然後便橫劍自刎了。

我們常說那些在事前將未來說得天花亂墜，一旦把人利用完之後就丟在一邊不理不睬的行爲叫「過河拆橋」，也就是說，既然河都過了，這座橋可不需要了，爲了不讓其他人也過河，就把這座橋拆了！

歷史上不乏這樣對待功臣的君王，過去誓言同甘共苦的伙伴們，一旦霸業建成，賜死的賜死，毒害的毒害，手段之殘忍，遠勝於對待敵人。

范蠡說得好：「狡兔死，走狗烹，飛鳥盡，良弓藏」。這是殘酷的人情冷暖與社會現實，不得不審慎提防！

我們爲任何人付出自己的信任與努力之前，一定要仔細地想一想：這個人值得爲他這樣做嗎？這個人能夠共患難，也能夠同享福嗎？

先想清楚，再付出自己的眞心，以免落得悲慘的下場。

在關鍵時刻做最正確的取捨

對待身外之物應該抱持著「難捨能捨，難得能得」的態度，若不勇於捨棄，便無法得到我們想要的成果，不是嗎？

許多老掉牙的格言諺語都告訴我們勤儉才能致富，其實勤儉只是一種生活態度，談不上什麼美德，人也不可能單單因爲勤儉而成功致富。

但是，就算我們志不在成爲大富翁，凡事節儉總是一件好事，能省則省，沒有什麼不對的。

不過，有些事情固然可以能省就省，但在很多方面，不該省的、不能省的，可千萬不能因爲吝嗇而讓自己損失更多！

范蠡是春秋末期越國的一名大功臣，輔佐越王打敗吳王夫差之後急流勇退，離開了越國到齊國經商，因為頭腦聰明，積蓄了一大筆財富，於是在陶邑定居下來，自號陶朱公。

陶朱公有三個兒子，最小的兒子是在陶邑定居之後出生的。

後來，陶朱公的二兒子在楚國殺了人，被關在楚國的死囚牢裡。陶朱公說：「殺人償命本來是應該的，但是俗話說：『千金之子，不死於市』，或許還可以疏通疏通。」於是就裝了一車黃金，用稻草包著，派剛長大成人的小兒子去楚國見機行事。

可是，大兒子認為他是長子，出了事理應讓他出面處理，父親卻派三弟去，分明認為他不成器，於是又哭又鬧。陶朱公的妻子也幫大兒子說話，陶朱公沒辦法，只好讓大兒子去。

臨走前，陶朱公叮囑老大，到了那邊就把金子和他寫的信交給一個叫莊生的人，一切都由他來安排，千萬別自作主張。

大兒子滿口答應，到了那邊之後，便尋訪到了莊生，並且把金子和書信都交給了他。莊生看了書信，對大兒子說：「放心回去吧，不要再停留在這裡了。如果你弟弟被釋放，也不要問原因。」

老大辭別之後，卻心生懷疑，找了一家客棧住著，靜觀其變。陶朱公的大兒子走後，莊生便去見楚王，說他夜觀星象，顯示楚國不久會有禍殃，楚王必須修德才能免禍。楚王一向很相信莊生，便準備大赦天下。

陶朱公的大兒子知道了楚王將要大赦的消息，心想，既然弟弟不久就可以出獄了，那些黃金不是白白送給了莊生，於是又跑去見莊生。

莊生吃了一驚說：「你還沒回去啊！」

大兒子不自在地說：「是啊，起初是為了打點弟弟的事情，現在聽說楚王要大赦了，所以來向您辭行。」

莊生聽出了他的弦外之音，便說：「金子還在隔壁，你拿回去吧。」

老大毫不客氣地把那些金子都搬了出來，辭別莊生回到客棧。

老大走後，莊生心裡有氣，於是又進宮去對楚王說：「我先前建議大王大赦天下，本來是件好事。但是，最近都城裡議論紛紛，百姓都說陶朱公的兒子犯了死罪，您左右的人都被買通了，大王大赦天下，不是為了百姓，而是為了陶朱公的兒子。」

楚王聽了大怒，下令立即斬了陶朱公的二兒子，第二天再大赦。

陶朱公的大兒子最後載了一口棺材回到家裡，家人一見棺材都忍不住傷心落淚。陶朱公卻毫不吃驚，嘆口氣說：「我早就料到他去會把老二的命送掉。他從小跟我一起做生意，知道賺錢的艱辛，所以捨不得錢財，倒不是不愛惜弟弟。而小兒子從小生活在富貴之中，揮金如土，當時我要派他去就是因為他捨得花錢。老大捨不得花錢，所以害死了弟弟，這是很簡單的道理，有什麼值得悲傷呢？」

明明知道大兒子吝嗇的性格會壞事，卻不說出自己的見解，事後又像個旁觀者大談自己的先見之明，故事中的陶朱公又何智之有？

這個後人編造的故事，重點當然不是要大家去疏通賄賂，也不是像陶朱公那樣有先見之明卻做個「事後諸葛」，而是提醒大家在關鍵時刻做最正確的取捨，不要因為吝嗇而造成無法彌補的遺憾。

有的時候，在不該省的地方節省，乍看之下可能是佔便宜、不吃虧的做法，但事實上後來必須付出的代價卻更為巨大。陶朱公對自己大兒子的性格十分清楚，也明白有的時候該省的錢不能省，經過再三交代，無奈大兒子還是如他所料捨不得那些錢財，最後把二兒子的命都送掉了。

以現實生活為例，如果我們要開一家餐廳，卻在裝潢、廚師、設備、服務等等方面東扣西減，不願付出，那麼這家餐廳能夠穩定並持久地經營下去嗎？相信答案是顯而易見的。

對待身外之物應該抱持著「難捨能捨，難得能得」的態度，很多時候，若不勇於捨棄，便無法得到我們想要的成果，不是嗎？

對牛彈琴注定沒有效用

如果能好好地運用同理心，以對等的姿態與語言和對方溝通，一定能獲得圓滿的結局。

人與人之間的溝通是世界上最複雜，也是最難以掌握的事情之一，因爲人有千百種，每個人有不同的智慧及人生歷練，有不同的成長環境與教育背景，更有不同的利益以及政治立場。

要如何因應這些許許多多的「不同」，掌握溝通的要件，是一門非常值得我們學習的學問。

傳說孔子有三千弟子，其中又有七十二賢人，子貢就是這七十二賢人中比較有名的一個。子貢非常聰明，頭腦靈活，靠著巧言善辯，曾多次解救孔子及其他弟子於危難之中。

據說孔子周遊列國時，有一次中途疲困，停在大路邊歇息。誰知道駕車的轅馬忽然掙脫了轠繩，跑去啃別人種的莊稼，結果被正在田裡幹活的農夫抓住了，並當場扣留起來，硬要孔子他們給個交代才願意放行。

子貢自覺辯才無礙，那麼多達官貴人都為他的辯才折服，僅憑著三寸不爛之舌，就「存魯、亂齊、破吳、強晉、霸越」，說服這麼幾個小小的農夫簡直輕而易舉。於是，子貢信心十足地走過去，擺起架子，對著那幾個農夫滔滔不絕地說了一大通，上至天文，下至地理，引經據典旁徵博引，真的是舌燦蓮花，說得天花亂墜。可是，那幾個農夫只是瞪著他，一句話也聽不懂，最後實在不耐煩了，一個個揮著拳頭，舞著棍棒，做出要動武的樣子，子貢這才悻悻然跑回去，臉上很不自在。

連子貢這麼善於論辯的人都要不回那匹馬，這下大家更加發愁了。正在眾人無計可施的時候，看上去笨頭笨腦，專門替孔子趕車的車夫卻自告奮勇要去討回那匹馬。

孔子見其他弟子都不敢去，只好讓他去碰碰運氣。

馬車夫走到那些農夫跟前說：「如果你們在東海耕田種地，我們在西海耕田種地，平常當然不會有相遇的機會；可是，我們現在離得不遠，有很多機會互相碰頭，又怎麼能保證自己的馬不吃對方的莊稼呢？」

農夫們一聽，一下子恍然大悟，不住點頭說：「這才對嘛，你這話說得有理。先前那個人說了一大堆，根本不知道在說什麼！」然後，農夫們和顏悅色地把馬還給了馬車夫。

子貢是孔子弟子當中最能言善道的，但是爲什麼他花了好大功夫都無法說服的農夫，卻在馬車夫簡簡單單的幾句話之後，就同意將馬奉還？子貢究竟哪些地方不如馬車夫呢？

首先是使用的語言。子貢說服農夫們的話語中，用了許多繁雜的典故與道理，這些對達官貴人有用，但是卻未必適合販夫走卒。

想要說服別人，就要使用他們最容易理解、最感到親切的語言。馬車夫雖然學問遠不及子貢，但是他只用了很簡單的比喻就讓對方了解了自己的意思，意簡言賅正是成功的關鍵。

更重要的是，子貢與農夫談話時，帶著自己是知識份子的優越感，擺起架子與農夫談話，自恃高人一等的後果，恐怕只能收到反效果；而馬車夫以平等性的姿態溝通，當然更容易得到農夫們的好感與信賴。

「溝通」這門學問最重要的兩條法則，在這個故事裡我們可以看得很清楚。如果能好好地運用同理心，以對等的姿態與語言和對方溝通，最後一定能獲得圓滿的結局。

逆來順受，只會讓自己更難過

「忍耐」是一種不合理的姑息，我們若不讓施暴者知道不應該予取予求地任意對待別人，那麼也就等於助長了他的不義。

在東方的社會與文化中，常常存在著「逆來順受」的哲學，對於一些降臨到自己頭上的災難或不平等的待遇，總是默默地忍受與犧牲。

不過，我們滿心以爲這樣的犧牲奉獻，應該是最好的處世方式，卻沒有想到，這樣一味「忍耐」可能會造成什麼後果。

曾參是歷史上有名的孝子，也是孔子的弟子之一。曾參對於父母都相當孝順，從來不會違抗父母的決定，個性易怒的父親有時蠻不講理甚至動粗，曾參一樣逆來順受。

有一次，曾參在瓜田裡幹活，不知道為什麼閃了神，不小心把一棵長得很好很粗壯的瓜苗弄斷了。他的父親曾哲性情暴躁，一見之下，怒火中燒，抄起一根粗木棒往曾參背脊上打了下去。

可是，曾參這個書呆子，竟然不閃不避，紮紮實實挨了一棍，一下子仆倒在地上，不省人事。過了好半天，終於回過神，迷迷糊糊醒過來，感覺背上火燒般地疼痛，卻還是掙扎著跑去向父親請安，問候完畢，才回自己屋裡，若無其事地彈琴唱歌，藉此告訴父親自己一點怨恨也沒有。

這件事很快就傳了出去，大家都說曾參真是個至孝之人，寧願自己受傷，也不願忤逆父親。後來，孔子也聽說了，卻對此不以為然，還吩咐其他弟子，如果曾參來了，千萬別讓他進來。其他弟子雖然奇怪，可是一看孔子的臉色，誰也不敢詢問。

果然沒兩天，曾參來了。哪知道剛走到門口，就被擋在門外，不准進去。曾參百思不得其解，不知道自己做錯了什麼。只好千方百計託人傳話，希望孔子能解開他心中的疑惑。

孔子說：「從前，舜也是個大孝子，舜的父親也經常打他，如果用小棍子打，舜就不閃不避，隨他打幾下；如果用大木棒打，他就跑得遠遠的，躲開暴怒中的父親。現在，曾參明明看見大木棒砸下來也不躲避，存心用自己的血肉之軀去承受那蠻不講理的暴怒。他覺得自己這樣是孝順，但也不想想，萬一那一棍子把他打死了，曾晳豈不是要背負殺子的惡名？天下還有比陷父親於不義更不孝的嗎？」

曾參聽了別人的轉述恍然大悟，這才明白自己這種做法其實是極端錯誤的，幾乎釀成大錯。

如果蒙受冤屈時只能想到「逆來順受」這四個字，那麼不合理的情況將永遠不會改變，這樣一來，「忍氣吞聲」不但無法解決任何問題，甚至是會害人害己的雙面之刃。

或許我們忍耐是爲了不願傷了彼此的感情或和氣，或是爲了保護對方，但是

卻沒有想到，「忍耐」常常也是一種不合理的姑息，我們若不讓施暴者知道不應該予取予求地任意對待別人，那麼也就等於助長了他的不義。

當面對的人是窮兇惡極的惡霸時，更不應該只會忍耐，如果我們勢單力薄，就應該聯合其他力量，以公理與正義向欺凌我們的人說「不」，讓既得利益的施暴者知道，我們並不是只會忍耐而不會反抗的愚民。

無論如何，遭遇不合理、不公平的待遇的時候，「忍耐」從來就不是最正確的選擇，我們能做的，應該還有更多更多。

守住秘密，才能贏得勝利

守不住秘密的結果，就像在紙牌遊戲中總是將自己的底牌掀給對方看一樣，任憑手中有多好的牌，還是沒有辦法贏得勝利。

相信我們都曾經聽過或說過這樣一句話：「我告訴你一個秘密，你可不要告訴別人唷……」

但是結果呢？那個「不要告訴別人的秘密」通常會變成一個「人盡皆知的秘密」，在我們身邊四處流傳。因爲，人人都這樣說：「我告訴你一個秘密，你可不要告訴別人唷……」

韓昭侯平時說話不大謹慎，往往無意間將一些重大的機密事情洩漏出去，使得大臣們經過仔細思考和討論後做出的周密計劃不能實施。大家對此很傷腦筋，卻又不好直言告知韓昭侯。

有一天，一位叫堂璽公的聰明人自告奮勇地去勸諫韓昭侯。見了韓昭侯，堂璽公對他說：「假如這裡有一只玉做的酒器，價值千金，但它的中間是空的又沒有底，它能盛水嗎？」

韓昭侯搖了搖頭說：「不能盛水。」

堂璽公又說：「有一只瓦罐子，雖然很不值錢，但它不會漏水，你認為它能盛酒嗎？」

韓昭侯毫不遲疑地回答說：「可以。」

於是，堂璽公繼續說：「就是這個道理。一個瓦罐子雖然值不了幾文錢，在貴人眼中非常卑賤，但因為它不漏，可以用來裝酒，能夠展現出自身的價值；而一個玉做的酒器儘管看起來十分精緻，而且價格不菲，但由於空而無底，連水都不能裝，更不用說人們會將陳年佳釀倒進裡面去了。」

看見韓昭侯專心傾聽的樣子，堂璽公便道：「其實人也是一樣，作為一個地位至尊、舉足輕重的國君，應該與大臣同心協力共謀國家進步。如果經常洩漏與臣下商討的國家機密，那麼即便是再有才幹的臣子，計劃肯定無法實施，才幹和謀略也就難以施展了。」

聽見這比喻，韓昭侯恍然大悟，連連點頭說道：「你說的沒錯！」

從此以後，每當要聽取大臣們一起密謀的計劃、方案，韓昭侯都小心對待，慎之又慎，連晚上睡覺都是獨自一人，因為他擔心自己在熟睡中說夢話，不小心把計劃和策略洩漏給別人聽見，以致誤了國家大事。

我們常會稱那些藏不住秘密的人爲「大嘴巴」，因爲他們總是沒有辦法在適當的時候閉上嘴巴，無法守住任何秘密。或許是爲了顯示自己所知甚多，又或許是爲了好玩等等因素，他們總是忍不住想把所有事情透露出來，而且總是會認爲：「唉呀，我就只跟他講一點，應該不要緊吧！」

究竟要不要緊呢？堂璽公所說沒有底的玉器，就是那些受害於韓昭侯無法守密惡習的人才謀士。他們即使有滿腹的謀略與計策，但就像被鑿了底的玉器一樣，什麼事也做不成！

很多時候，守密是非常重要的，平常親友間的生活小事也就罷了，但要是事關公務、商務，甚至國家大事，那麼一個秘密可能關係著整個公司的營運，關係著一筆龐大的利益或金錢，甚至是許許多多人的幸福，不可不慎！

爲了表現自己什麼都知道，爲了一時的虛榮與快感，也可能是不經意的疏忽，守不住秘密的結果，就像在紙牌遊戲中總是將自己的底牌、王牌掀出來給對方看一樣，任憑手中有多麼好的牌，還是沒有辦法贏得勝利。

懂得謙虛，成就才能繼續

才能與天分本身並沒有貴賤之別，如果只能在極為窄小的領域裡，滿足於自己所認定的評判標準，這樣的生命是非常狹隘的。

社會上常常喜歡用職業與學歷等等外在的頭銜來評估一個人，如果一個人擁有豐富完整的學經歷，那麼我們對於他的能力也通常是肯定的。

如果一個人從事醫生、律師……等等行業，我們對於他們會自然而然生出一份敬重之情。

相反的，對於那些社會底層的行業，以及從事一般人眼中常常忽略重要性工作的人，我們卻始終沒有給予相對的尊重。

樹林裡，黑鴉鴉的一堆人，正圍著一個射箭手。

「咻！咻！咻！」連著三箭，都正中靶心，人群裡不斷爆出陣陣驚嘆聲，「真是厲害！」「簡直是天下無雙！」

聽到眾人的喝采聲，射箭手露出得意洋洋的神色。這個射箭的人名叫陳堯咨，箭射得又快又準，總引來一大群人圍觀。

這時，有個賣油翁挑著油擔子從這裡經過，聽到一群人連連拍手叫好，不由自主地放慢了腳步，停下來看看是怎麼回事。

陳堯咨繼續表演幾箭，每枝箭都像施了魔法一般，直奔靶心而去，掌聲又響了起來，可是賣油翁卻沒有跟著鼓掌，只是點點頭，附帶著笑了幾下。

陳堯咨得意地看著眾人，發覺賣油翁並沒有對他的箭術報以喝采，心裡很不舒服，便走到賣油翁面前，趾高氣揚地說：「老頭，你懂射箭嗎？」

「哈哈，我只懂賣油，對箭術一竅不通。」

「喔！那麼像我這種箭無虛發的人，你一定是第一次看到吧？」

「這不算什麼，只不過是熟能生巧罷了。」賣油翁面無表情地說。

陳堯咨被潑了一盆冷水非常生氣，指著賣油翁的鼻子說：「你這老頭不過是個外行人，憑什麼批評我的箭術？」

賣油翁笑笑說：「我雖然不會射箭，但倒是有一點小小的技藝，平常人可能還見不到呢！」

說完，賣油翁便拿出一只葫蘆和一枚銅錢，把銅錢擺在葫蘆嘴上，然後舀了一勺油，對著銅錢上的小洞，準備把油倒進葫蘆裡。眾人不知賣油翁葫蘆裡賣的是什麼藥，都聚精會神地看著。

只見一道細得像線一般的油柱，輕輕滑落進葫蘆裡。老人倒完後說：「現在，我把油倒完了，可是這銅錢上卻連一滴油也沒沾上。」

一個年輕人搶先跑上前去拿起銅錢摸了又摸，看了又看，驚嘆道：「真的一滴油也沒有沾上啊！」

眾人發出讚嘆聲，老人謙虛地說：「沒什麼，只不過熟能生巧罷了。」

陳堯咨在一旁看得目瞪口呆，說不出一句話來。

從此之後，他收斂了自己的傲氣，更加勤奮練習，最後終於成為一位名副其實的神箭手，而且變得非常謙虛，不再那麼狂妄了。

世界上的人口有六十多億人，每個人有各自不同的才能與天分，或許有的人對於唸書、研究學問方面較爲擅長，最後成了教授或學者；或許有的人對於音樂或美術較感興趣，最後成了藝術家。

每個人的人生路途並不相同，但是才能與天分本身並沒有貴賤之別，如果我們的眼光只放在極爲窄小的領域裡，只滿足於自己所認定的評判標準，這樣的生命是非常狹隘的。

就像賣油郎與神箭手之間，在技藝方面的成就並沒有什麼不同，但神箭手受到許多人的讚賞與掌聲，便飄飄然自認爲了不起，恃才傲物，目空一切。只不過，事實的確也如同賣油郎所說，不都是熟能生巧而已，他們兩人之間又有什麼不同呢？

因此，當我們被周圍的掌聲與肯定淹沒，因而得意洋洋的時候，不妨想想賣油郎的這句話：「不過是熟能生巧罷了。」

我們所得到的成功，眞的比其他人更高尚、更有價値嗎？或者其實我們也只是做順了、做熟了，如此而已？

我們應該做的，是更謙虛地審視自己目前爲止的成就，讓自己能以更宏大的角度精益求精！

損人不利己，不如充實自己

與其把自己寶貴的時間與精力花在損人未必利己的事情上，還不如用來做一些充實自己、幫助他人的事！

在這個世界上，爲了達到特定的目的，許多人會用盡一切方法鋌而走險，甚至不擇手段。對他們而言，只要能得到結果，不論自己用的是什麼辦法，都不是那麼要緊。

不過，有膽量與頭腦這樣做的人，反而常常會因爲自以爲聰明，卻疏忽了「人算不如天算」的道理，最後仍是無法逃脫命運的擺弄。

唐朝時候，有一位名叫韋固的人到宋城旅行，某一天晚上，韋固在街上閒逛，看到月光之下有一個老人席地而坐，正在翻一本又大又厚的書，而身邊則放著一個裝滿了紅色繩子的大布袋。

韋固很好奇地走過去問他：「老人家，請問你在看什麼書啊？」

老人回答說：「這是一本記載天下男女婚姻的書。」

韋固聽了這話之後更加好奇，又問老人：「那你袋子裡的紅繩子，又是做什麼用的呢？」

老人微笑著對韋固說：「這些紅繩是用來繫夫妻的腳的，不管男女雙方是仇人或是相距很遠，我只要用這些紅繩繫在他們的腳上，他們就一定會相遇，並且結成夫妻。」

韋固聽了，自然不相信，以為老人在開玩笑，但是他對這個古怪的老人，仍舊充滿了好奇。不久，老人忽然站起身來，帶著身上的東西，向米市走去，韋固索性就跟著他走。

到了米市，他們看見一個盲婦抱著一個三歲左右的小女孩迎面走過來，老人便對韋固說：「這盲婦手裡抱的小女孩便是你將來的妻子。」

韋固聽了很生氣，以為老人故意開他玩笑，便叫家奴把那小女孩殺掉，看她將來還會不會成為自己的妻子！

家奴奉命刺殺小女孩，但卻於心不忍，只刺了女孩一刀便立刻跑掉了。當韋固再要去找那老人算帳時，卻已經不見他的蹤影了。

光陰似箭，轉眼十四年過去了，這時韋固已經找到滿意的對象，即將結婚。對方是相州刺史王泰的掌上明珠，人長得很漂亮，只是眉間有一道疤痕。韋固覺得非常奇怪，便問岳父說：「為什麼她的眉間有疤痕呢？」

王泰聽了以後便說：「說來令人氣憤，十四年前在宋城，有一天褓姆陳氏抱著她從米市走過，有一個狂徒竟然無緣無故地刺了她一刀，幸好沒有生命危險，只留下這道傷疤，真是不幸中的大幸！」

韋固聽了，楞了一下，十四年前的那段往事迅速浮現在他的腦海裡，心想難道她就是自己命僕人去刺殺的小女孩？於是便很緊張地追問說：「那褓姆是不是一個失明的盲婦？」

王泰看到女婿的臉色有異，且問得蹊蹺，便反問他說：「不錯，是個盲婦，可是，你怎麼會知道呢？」

韋固證實了這一點之後，真是驚訝極了，一時間答不出話來，過了好一會兒才平靜下來，把十四年前在宋城遇到月下老人的事全盤說出。

王泰聽了，也感到驚訝不已。韋固這才明白月下老人的話並非開玩笑，他們的姻緣真的冥冥之中安排好的。雖然如此，但自己在十四年前險些將妻子殺死，這件事卻成為韋固人生中的一大遺憾，岳父與妻子知道此事後，對他也始終懷有心結，韋固只能終其一生比常人付出更多的努力，博取他們的愛與信任。

韋固可以因爲小小的意氣之爭而動念想將女童殺除，可以說是一個在道德方面有所虧欠的人。他想得輕鬆，卻沒想到自己當初歹心所留下的刀疤，到最後卻成了一生揮之不去的污點。

《紅樓夢》裡對於手段狠辣、工於心計，最後卻聰明反被聰明誤的王熙鳳有句評詞：「機關算盡太聰明，反誤了卿卿性命。」

這句話說得非常精妙，人的智慧有限，而生命卻有太多太多的可能性，萬事萬物的變化無常，不是一個自以爲聰明的聰明人就可以預料、算計到的。韋固命令家奴下手時，只覺得刺殺的不過是盲眼婦人的小孩，哪料得到那小女孩是相州刺史的千金？

這則「月下老人」的傳說故事雖然帶有神話色彩，顯然也不適用於離婚率節節高升的現代社會，不過，從爲人處世的觀點來說，它仍舊提醒我們，與其把自己寶貴的時間與精力花在損人未必利己的事情上，還不如用來做一些充實自己、幫助他人的事！

勇敢發出不一樣的聲音

一個沒有直言者的地方，公義也就蕩然無存；當公義不存在，第一個被犧牲掉的，難道不是那些無權無勢的弱勢者嗎？

不知你是否也曾經有這樣的經驗：公司或學校開會，一切程序都按照規定進行，然而許多事情其實已經早就被主管內定，卻仍要開個會來假裝一番。美其名爲「會議」，其實不過是要「宣布」某件事，要大家「同意」主事者的想法，或者讓大家列席背書罷了。

周靈王時代，周朝王室衰微，四方諸侯群起，其中以晉國最為強大。

晉平公在位時，宮裡有一個樂官名叫師曠，眼睛雖然瞎了，但是耳朵卻異常靈敏，能夠辨別八方風聲的樂調。

有一次，晉平公花費很大的氣力，鑄了一口大鐘，命令樂工們仔細辨別鐘的聲音，看它是否調和。

這口鐘非常巨大，發出的聲音也不同凡響，極為響亮！所有的樂工都被鐘聲震住了，齊聲說：「大王，聲音很悅耳，沒有不調和的地方。」

晉平公聽了非常滿意，不過就在此時，師曠卻站出來說：「稟大王，此鐘聲音雖大，卻不調和，需要重鑄。」

晉平公很不高興，不相信師曠的話，還降了他的職。

後來衛靈公帶了他的樂官師涓同來拜訪晉平公，晉平公想拿出那口大鐘來炫耀，便命人在衛靈公一行人面前敲響大鐘。衛靈公與師涓聽了鐘聲，也說鐘聲不調和，晉平公這才相信師曠的建言是對的。

由此可知，師曠的耳朵真的是非常靈敏，能夠聽出一般人聽不出來的聲音。

更難能可貴的是，他毫不畏懼地說出事實的眞相，不在乎獨排衆議必須承受的壓力。這種情操當然是可貴的，尤其當其他所有的樂師都因爲鐘聲的巨大、晉平公好大喜功的心態而噤若寒蟬時，要說出自己所認定的「眞實」，是多麼不容易的事情！

有時候，主事者想聽的未必是事實，大家也就寧願乖乖配合著演戲，說些好聽的話。然而，如果在這樣近乎鄉愿又不負責任的過程中，所定案的卻是一條條攸關個人或團體權益的規定、條款或政策的時候，我們應該做那些唯唯諾諾的樂師，還是敢於表達不一樣聲音的人呢？

一個沒有人敢據實直言的地方，公義也就蕩然無存；當公義不存在的時候，第一個會被犧牲掉的，難道不是那些無權無勢的弱勢者嗎？當弱勢者都遭到不公平對待的時候，我們又豈能獨漏於外呢？

07

適可而止，就不會畫蛇添足

並不是增添無謂的東西就能展現自己的才氣，懂得適可而止、恰到好處的價值，才能體現出我們應有的見識與水準。

厚植實力，才能發揮威力

多多累積自己的實力，譁眾取寵所能得到的掌聲只是一時的，唯有實力才是真正可長可久的依靠。

古人提到那些有眞正才學、有眞正實力的人，是這樣形容的：「十年磨一劍，厚積而薄發」。

這句話的意思是說，這些有才學的人並不會在學識只有半瓶水的時候就大叫大嚷、唯恐天下不知，他們會慢慢地累積自己的內在，謙虛地磨練自己的知識與才能，直到完滿成熟，才會展現出來。

楚莊王的故事無疑爲我們提供了一個良好的示範。

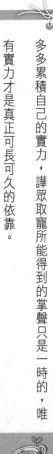

春秋五霸之一的楚莊王，在歷史上曾為楚國的發展建立過顯赫的功業。

可是在他登基的頭三年內，沒有發布過一項政令，在處理國家政事方面毫無建樹，終日不理朝政，每天不是出宮打獵遊玩，就是在後宮和妃子們晝夜遊戲，猜謎作樂。

並且，楚莊王不允許任何人勸諫，揚言膽敢進諫的，處以死刑。宮廷上下都十分著急，國家有這麼個愚頑的國君怎麼得了！

楚國有一個擔任軍政官職的人叫成公賈，看到天下大國爭霸的形勢對楚國很不利，而現在楚王又不理朝政，長期下去，國家命運岌岌可危。他想勸諫楚莊王放棄荒誕的生活，勵精圖治。然而，楚莊王有言在先，他不敢觸犯禁令直接進諫，絞盡腦汁又想不出使楚莊王清醒過來的辦法。

有一天，他看見楚莊王和妃子們一玩做猜謎語的遊戲，楚莊王十分高興。他靈機一動，決定用猜謎語的形式，對楚莊王暗示。於是第二天，成公賈進宮晉見楚莊王，可是楚莊王一見到成公賈就說：「你知道，我是不准誰向我說什麼意見的，你現在為什麼不怕死來進諫呢？」

成公賈答道：「我來見大王，不是向您進言的，只是想來跟大王一起解解悶，猜猜謎語。」

楚莊王說：「既然這樣，那你說個謎我猜。」

於是，成公賈對楚莊王說了一個謎語：「高山頂上有隻鳥，羽毛豐滿志氣高，棲在樹中三年整，既未展翅又不叫，這是為什麼？」

楚莊王稍作思考，便胸有成竹地說：「這隻大鳥停在南方的大山上，整整三年沒有動，目的是在堅定自己的思想和意志；牠三年不飛，是在積蓄力量使自己羽翼豐滿；牠三年不叫，是在靜觀勢態，體察民情，醞釀聲威。這隻鳥儘管三年來一直沒飛，可是一旦展翅騰飛，必將衝天直上；儘管牠三年來一直不鳴，可是一旦鳴叫起來，必定會聲振四方。成公賈先生，你放心吧，你的用意，我已經猜中了。」

成公賈驚喜地點點頭，欣然離去。

第二天，楚莊王上朝處理國事。他根據三年來的明察暗訪、調查研究和對大臣們政績的考察情況，提拔了五位忠誠能幹的大臣，罷免了十個奸詐無能的小人。楚莊王的決定和處事的魄力，使文武百官大為佩服，因此大家都十分高興，楚國的老百姓也都奔走相告，慶幸有了一位賢君。

不久，國內政局好轉，楚莊王發兵討伐齊國，在徐州戰敗了齊國；不久又出兵討伐晉國，同樣也取得了勝利。最後，在宋國召集諸侯國開會，楚國取代了齊、晉兩國，成為天下諸侯的霸主。

楚莊王並不是眞的昏君，他只是在靜觀態勢、累聚實力，等到劍出鞘之時，招招準確、招招致命，的確是如他所說的「一鳴驚人」。

不過，很少人有像他那樣的魄力與耐心，在這個年頭，功夫都還沒有學齊就出來招搖現世的人太多了，半調子的人冒充專業的情況也屢見不鮮，結果造成社會上外行充內行、劣幣驅逐良幣的事越來越多。

不要因爲他人不知道我們的才能而憂愁，而是應該反省自己，是否沒有充實的眞才實學足夠爲人所知？

許多人不過是稍微懂得一些皮毛就非要表現出來不可，深怕自己的「能力」被埋沒了，看在其他人的眼裡，恐怕更顯出自己的不足。

與其擔心別人不知道我們的才能，還不如多多累積自己的實力，待時機成熟再好好發揮，不僅能更引人注目，對己也是一大成長。譁眾取寵所能得到的掌聲只是一時的，唯有實力才是眞正可長可久的依靠。

鋒芒不露，方能化險為夷

收起鋒芒，培養處世的智慧。聰明就像一把雙刃劍，若是使用不當，不但傷人，更會害己，不可不慎。

西班牙文人格拉西安在《智慧書》中曾經這樣說過：「讓人誤以為你是無知的，往往是最大的睿智。」

聰明的人常常掩不住鋒芒，所到之處，總令其他人感到透不過氣，長久下來，旁人多少會心懷恐懼，也容易招來無謂的妒怨、中傷，這就是所謂的「樹大招風」。因此，不能空有聰明而欠缺智慧。智者需要自知、自抑，通曉人心世故，不輕易外洩自己的光芒，只在必要的時候才將天賦表露。

三國時期蜀漢政權的建立者劉備，是東漢名儒盧植的學生，自稱是大漢皇帝的宗室「中山靖王劉勝之後」。不管這個說法是真是假，劉家傳到劉備這一代，家道早已中落，非但享受不到榮華富貴，連生活都相當拮据困難。但他不甘心就此渾渾噩噩過一生，總在尋找建立功業的機會。

此時正值東漢末年，董卓控制了朝政，成為名副其實的太上皇，殘害忠良，恣意妄為，將朝廷內部搞得烏煙瘴氣、敗壞不堪。各地豪傑紛紛組織武裝起兵，表面以討伐董卓為名，實則在為自已攻佔江山。

劉備見機不可失，也召集了一小隊人馬，加入了討董的大軍。後來，他的實力逐漸發展起來，並得到了關羽、張飛等人的輔助，形成一個小小的集團，但還是處於兵少將寡，沒有實質地盤與影響力的狀態。

公元一九六年，曹操強行將漢獻帝從長安遷到許縣，挾天子以令諸侯，成為實際掌權者。此時，劉備正佔據徐州抵擋袁術的進攻，可是不久之後被呂布打敗，只好投奔曹操。

一次，曹操趁著與劉備喝酒聊天的機會，悠然地說：「袁紹目前勢力雖然強大，但為人心胸狹窄，又欠缺器量、膽識，因而成不了大事；呂布只不過是個武夫，毫無智慧，更是不值得掛心。綜觀天下英雄，唯有你劉備和我曹操可稱得上能成大事者啊！」

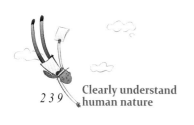

劉備正要吃飯，聽聞曹操的話，以為意圖建立自己功業的心思遭到識破，大吃一驚，右手一抖，竟不小心將握在手中的筷子掉到地上。

此時正巧打了個響雷，劉備害怕曹操發現異樣，趕緊乘機掩飾：「古代聖人曾說『疾雷狂風必然帶來災異』，的確如此，雷震威力，竟可以達到這樣的程度，嚇得我連筷子都拿不住，實在慚愧！」

曹操聽了，以為劉備真是為雷聲所驚，只是微微一笑，便繼續喝酒吃飯。劉備靠著他的機智反應，免去了一場可能降臨的災難。

自恃聰明的人最容易掉入陷阱之中，因爲太過恃才傲物，看不見自己的狂妄，因此容易被擊敗。劉備並不是這樣的「聰明人」，所以知道該在什麼時候屈身、該什麼時候收斂，他所擁有的，是比「聰明」更加可貴的「智慧」。

雖不甘心做曹操的手下，但劉備知道，實力決定一切，處境不利時，和對手硬碰硬只有死路一條。因此，故意裝做被雷聲嚇得掉筷子，以看似膽小無知的行爲掩飾內心眞正的想法，這是盱衡情勢之後不得不做的自保之舉。

能成大事的人，不圖一時之快、不貪一時勝負，而是將眼光放遠。即使眼前吃虧，也不以爲意；就算被別人認爲是無知，也不會沉不住氣。因爲他們知道，不將智慧鋒芒外露，才能化險爲夷。

如果自認聰明，就應學習如何收起鋒芒，培養處世的智慧。聰明就像一把雙刃劍，若是使用不當，不但傷人，更會害己，不可不愼。

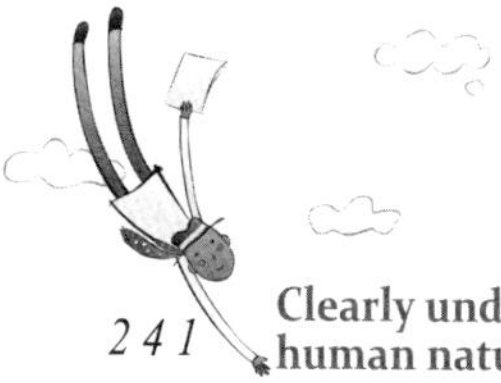

對得起良心，才能讓人放心

做決定時，千萬不要只看一時的利益，更要考慮到人格與品德是否會因此受到損害，以及這決定是否能對得起自己的良心。

你曾經遭遇過兩難的抉擇問題嗎？

人生在世，免不了會遇到許許多多複雜、困難的考驗，必須做出重要的抉擇時，常常選了這個於人有損，選了那個於己有虧。究竟應該怎麼辦才是最正確的做法呢？這裡有一個小故事，或許可以做爲我們的參考。

一次，魯國權臣孟孫帶隨從進山打獵，家臣秦西巴跟隨左右。

打獵途中，孟孫突然看到一隻可愛的小鹿，非常興奮，就自己動手活捉這隻小鹿。孟孫視小鹿為寶貝，下令讓秦西巴先行護送小鹿回宮，並且好好餵養，以供日後玩賞。

秦西巴在回宮的路上，發現有一隻大鹿緊緊跟在後面，還悲淒地哀叫著。那隻大鹿一哀叫，小鹿便應和，一唱一和，叫聲十分淒涼。秦西巴明白牠們是一對母子，母親在召喚著可憐的孩子。

秦西巴見狀，決定把小鹿放在地上。那母鹿不顧秦西巴站在旁邊對自己有多麼危險，也不顧後面還有沒有獵人的弓箭對著牠，憑著一股母愛，一下子衝到小鹿身邊，舔了舔小鹿的嘴，蹭了蹭小鹿的雙腿，彷彿商量什麼機密一樣，再一瞬間，兩隻鹿便撒腿跑進林子裡，一眨眼就看不見了。

孟孫打獵歸來，秦西巴便如實告訴他放走小鹿的經過，本想和孟孫分享一下自己的感受，沒想到這次可惹了大麻煩。孟孫一下子火冒三丈，厲聲喝道：「誰讓你自作主張放走小鹿的，你的眼裡還有我嗎？」

還沒等秦西巴解釋，孟孫就氣沖沖地離開，並派人將秦西巴趕走。

過了一年，孟孫的兒子到了讀書的年齡，孟孫要為兒子找一位好老師。許多臣子都來向孟孫推薦老師，孟孫一一接見這些人，但都不滿意。正當孟孫悶悶不樂的時候，突然想起一年前被自己逐出門外的秦西巴，心中豁然開朗，立即命人把他請回宮來。

左右臣子對孟孫的做法很不理解，不禁問道：「秦西巴當年自作主張，放走了您鍾愛的小鹿，被您逐出門外，但您現在反而請他來當少主的老師，這是為什麼呢？」

孟孫笑了笑說：「秦西巴不但學問好，更有一顆仁慈的心。他對一隻小鹿都會心生憐憫，寧可自己獲罪也不願傷害動物的母子之情，現在請他當我兒子的老師，我自然可以放心了。」

做人最重要的是過得坦坦蕩蕩，寧可忍受一時的失意，也要求無愧於天地。秦西巴做到了，也因此最後上天還是還他一個公道，讓他享受到公平的待遇，有一個好的結局。

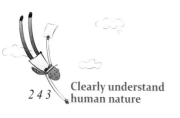

如果你也爲了某件事情躊躇不前，不知如何下決定，那麼，就像秦西巴一樣，勇敢地選擇不會愧對自己的那個抉擇吧！

秦西巴感受到小鹿母子連心的動人親情，他的選擇正是個性溫厚純良的證明。因而，即使爲了這樣的決定遭受到不好的後果，秦西巴也不會後悔，因爲他自認對誰都沒有任何虧欠。

做決定時，千萬不要只看一時的利益，更要考慮到人格與品德是否會因此受到損害，以及這決定是否能對得起自己的良心。如果能憑著良心與道德勇氣，做出正確的抉擇，即使一時受到了委屈，但是到最後，歷史與世人還是會還給那些行得正、坐得端的人一個公平的名聲與評價。

自恃資深，小心被後浪打沉

> 唯才是用，不受先來後到的「輩份倫理」所拘束的用人制度，才能將真正具有才學的人放到最適合他們發揮所長的位置。

過去東方的企業或政治、社會文化當中，有一個很重要的「特色」，那就是對於年資深的人相當尊重，不論是在給薪或職位方面，只要工作的時間夠久，不犯什麼大錯誤，便能慢慢往上爬。

至於剛進公司或團體沒有幾年的人，雖然頗有才幹與建樹，卻仍然要在老資格的前輩手下做事，聽從他們的指揮。

若是違反這樣的規矩，常常會被當做是沒有倫理觀念的標新立異者，被冠上種種不好的名聲。

漢武帝時，朝中有三位有名的臣子，分別是汲黯、公孫弘和張湯。這三個人雖然同時在漢武帝手下為臣，但他們的情況卻很不一樣。

原本，汲黯是資深大臣，公孫弘和張湯兩個人還只是個小官。可是由於他們為人正直、處事靈活、方法得當，加上政績顯著，因此不斷被提拔。後來，公孫弘封了侯又拜為相國，張湯也升到了御史大夫，兩人官職都在汲黯之上。

汲黯的政績遠不及公孫弘、張湯，偏偏又心胸狹窄，心裡很不服氣，總想要找個機會請皇帝評評理。

有一天早朝結束後，文武大臣們陸續退去，漢武帝慢步踱出宮，正朝著通往御花園的小徑走去。汲黯趕緊趨步上前，對漢武帝說：「陛下，我想和您談論一件事，不知您是否感興趣？」

漢武帝回過身說：「什麼事？不妨說來聽聽。」

汲黯說：「皇上您見過農人堆積乾草嗎？他們總是把先搬來的乾草鋪在底層，

後搬來的反而放在上面，您不覺得那些先搬來的乾草太委屈了嗎？」

漢武帝有些不解地看著汲黯說：「你說這些是什麼意思呢？」

汲黯說：「您看，公孫弘、張湯那些小官，論資歷論歲數都在我之後，可現在他們卻一個個後來居上，職位都比我高多了。皇上您提拔官吏不是正和那堆放乾草的農人一樣嗎？」

漢武帝一聽感到很不高興，覺得汲黯頭腦簡單，只會片面地看問題，本想駁斥汲黯，可又想到他是位老臣，只好壓住火氣，什麼話也沒說，快步拂袖而去。此後，漢武帝對汲黯更是置之不理，當然也不可能再拔擢他了。

漢武帝並非普通的君王，在各方面都相當有作爲，文治武功在中國歷代皇帝當中也赫赫有名。在他的眼裡，拔擢一位官員看的是這位官員在政治方面的建樹與才幹，看的是這位官員對於整個國家的貢獻，並不是年資這種隨著時間流逝便會自動增加的東西。

不論那些只懂得依恃資歷的人怎麼說，唯才是用、不受先來後到的「輩份倫

理」拘束的用人制度，才能將眞正具有才學的人放到最適合發揮所長的位置，也才能進一步提升整個團體的運作效率，帶來最大利益。

如果在一個團體中待了很長一段時間，但唯一能贏過後進的只有自己的資歷，就應該要自我警惕了！這表示若不再進步，便只能像汲黯一樣原地踏步，讓後輩「後來居上」，甚至被後浪淹沒。

不論到了幾歲，都不該放棄加強自己實力的機會，一個持續進步的團體是不會用資歷論斷職位高低的，若不努力，最終便會遭到淘汰的命運。

誇大渲染，尋常事也會變傳奇

人們在說故事時喜愛誇大其辭，不願去追查真相，這使得本來再平凡不過的小事，傳到最後竟然會變成轟動一時的傳說。

現代我們想要得知今天發生了什麼事很簡單，只要打開電視或連上網路，世界各地此時此刻發生的事情，都能透過傳播媒體的報導，栩栩如生地在我們面前上演。

不過，身爲觀衆的我們，對於這些號稱「眞實」的報導，以及其他許許多多街頭巷尾茶餘飯後的閒聊，千萬不要毫不考慮地就信以爲眞。

春秋時期，由於宋國地處內陸，缺少江河湖澤，而且全年乾旱少雨，農民種植的作物主要靠井水澆灌。

當時有一戶姓丁的農家，家中沒有水井，但由於做飯、淘米、洗菜要用水，日常生活中洗洗刷刷要用水，灌溉田地更要用水，為此每天都得派一個人外出擔水，供應全家人使用。

但是，在農忙的時候，若要抽出一個人專門去擔水，實際上也就是減少一個人丁下田勞動。

丁老漢一直為這件事情發愁，想在自己院子裡打一口井，可是農忙的時候抽不出人力，到了農閒的冬季，雖有人力了，但是天寒地凍，也不適宜打井。就這樣，打井這件事情就一直耽擱下來，成為丁老漢的心病。

轉眼間，又是一年中的農忙時節，因為丁家沒有水井，若想灌溉田地得靠驢馬從很遠的河邊運水過來，因而經常要派一個人待在用茅草搭建的草棚裡，一天到晚專門幹這種提水、運水和灌溉的農活。日子一久，全家人都感到有些勞累和厭倦。

這時，丁老漢咬著牙，下定決心打一口井，解決多年困擾全家的難題。他把這件事對家人一說，全家人一致贊成。接著，丁家男女老少便齊心協力地投入打井的工作中。

雖然只是開挖一口十多尺深、直徑不到三尺的水井，但是在地下掘土、取土和進行井壁加固，並不是一件容易的事。丁老漢一家人從早工作到晚，辛辛苦苦努力了半個多月，才把水井打成。

值得高興的是，井水很充足，水質也很甜，第一次取水的那一天，丁老漢全家就像過節一樣高興。當丁老漢從井裡提起第一桶水時，全家人歡天喜地，高興得合不上嘴，因為從此以後，他們家再也不用總是派一個人餐風宿露，為運水澆地而勞苦奔波了。

丁老漢掩飾不住自己喜悅的心情，逢人便說：「我家裡打了一口井，還得了一個人哩！」

村人聽了丁老漢的話以後，有向他道喜的，也有因無關痛癢並不在意的。但是在口耳相傳的過程中，不知是誰把丁老漢打井的事傳成了：「丁家在打井的時侯從地底下挖出了一個人！」

村人們議論紛紛，這消息很快就傳到大臣耳中。於是，這個大臣面見國君時便說：「臣有重要的消息要向您稟報！」

國君問：「什麼事？」

大臣說：「丁家打井挖出了一個人，這消息傳遍了整個宋國上下！」

宋王聽了大臣的話感到很驚訝，心想：「假如真是從地底下挖出了一個活人，那不是神仙便是妖精，非得打聽個水落石出才行。」

為了查明事實真相，宋王特地派人去問丁老漢。

這個大臣奉命來到丁家詢問，丁老漢起初還以為自己闖了什麼禍，嚇了一大跳，後來問明緣由以後，才放下心來，對大臣解釋道：「我家打的那口井為灌溉農田帶來了很大的方便。過去總要派一個人常年在外，專門替農田灌溉，現在可以不用了，從此家裡多了一個幹活的人手，但這個人並不是從井裡挖出來的啊！」

本來只是挖了一口井，多了一份人力，經過千百人傳遞後，竟然變成轟動全國的奇聞異事。從這裡我們就能看出，口耳相傳的故事離「眞實」有多麼大的距離。即使到了科技發達的現代，像這樣的事件還是層出不窮，就連應該追求與報導事實眞相的新聞從業人員，都可能因爲種種因素，反倒成了協助不實傳言流竄四方的幫兇。

人們在說故事時喜愛誇大其辭、加油添醋以增加事件的聳動性，再加上沒有人願意費事去追查眞相，便使得一件件本來再平凡不過的小事，傳到最後竟然會變成轟動一時的傳說。

正是因爲這樣，不論我們聽到的是國家大事、街談巷議，或是與他人私生活有關的八卦，都應該用懷疑的角度去看待，不要盡信，否則只會變成一個傳聲應聲的擴音器。

所謂謠言止於智者，尤其是對他人名聲、品格有損的傳言，更要特別注意，不清楚來龍去脈的事就不要隨便說出口，否則不但因此而降低了自己的格調，也會讓自己成了誣害無辜者的幫兇。

適可而止，就不會畫蛇添足

並不是增添無謂的東西就能展現自己的才氣，懂得適可而止、恰到好處的價值，才能體現出我們應有的見識與水準。

先問一個連小學生都可以輕易答出來的問題：「蛇有沒有腳呢？」

當然是沒有。

但是，幾千年前有一個人在畫蛇時卻爲蛇添上了腳，這則個故事還一直流傳到現在。既然連小孩子都知道蛇是沒有腳的動物，那麼這個人又是爲什麼、在什麼情形下爲蛇畫上腳？

從前有個楚國的貴族，祭拜祖先後，發現還剩一壺祭酒，於是便對門客說：「這壺好酒就算是我賞給你們的，你們拿去喝吧。」

門客們一聽都覺得很高興，但是細細想來，又不免有點為難。因為門客眾多，而酒卻只有一壺，這酒應該怎麼分呢？門客們拿著這壺酒，不知應該如何處理。

後來他們覺得，每人都喝一點實在太少了，喝得不過癮，還不如乾脆給一個人喝得痛痛快快還好些。

可是，到底給誰好呢？

大家於是坐在一起商量辦法。

這時，有人站出來提了一個建議：「我們來比賽畫蛇，在一炷香的時間內，誰先畫好，誰就喝這壺酒。大家覺得怎麼樣？」

大家想了一下，都覺得這個建議不錯，一致同意。

比賽開始了，門客們每人都拿著一根小棍，分排站開，個個頭也不抬地在地上畫了起來。由於每個人都想喝到這壺上等好酒，因此都使出了渾身解數，一分鐘也不敢耽擱，專注地畫著。

其中有一個人畫得非常快，剛剛過半炷香的時間，就把蛇畫好了。他興高采烈地跑到桌子前，伸手就把酒壺拿了過來，準備獨享這壺美酒。

正待他要喝酒時，瞅見其他人還沒把蛇畫完，就又自作聰明地拿起木棍，自言自語地說：「就算我再為蛇添上幾隻腳，他們也未必畫得完。」邊說邊在畫好的蛇身上畫了腳。

不料，這個人畫蛇腳還沒完成，手上的酒壺便被旁邊一個人一把搶了過去，原來，那個人的蛇畫完了。

這個給蛇畫腳的人相當生氣，說道：「你快把酒壺還給我，是我最先畫完，酒應歸我喝！」

那個人把酒壺往自己身後一放，笑著說：「憑什麼要把酒壺給你啊！你看你到現在還在畫，而我已經畫完了，這酒理所當然應該歸我喝嘛！」

替蛇畫腳的人聽了，著急了起來，爭辯說：「我早就畫完了，只不過我看還有時間，就給蛇添幾隻腳而已。」

不料那人卻反駁道：「蛇本來就沒有腳，你畫的有四隻腳，那就不能算是蛇了，所以你就更沒有理由喝這壺酒了！」說完，那人就理直氣壯地把酒壺拿過來，毫不客氣地喝起酒來。

那個替蛇畫腳的人自覺理虧，也就無話可說，只好眼巴巴看著原本屬於自己卻又被別人拿走的酒，心中後悔不已。

後人稱這種替蛇畫腳的行爲叫「畫蛇添足」，意思是對某件事物做了無謂的添加或修飾，反而讓原本的事物變成四不像，失去了眞意。

我們可不要笑這位畫蛇添足的人是傻瓜，因爲像這樣的行爲，直到今日都還有許多人不斷重複呢！

在許多人的價值觀中，「多的」、「大的」通常是「比較好的」，也因此，我們常常會努力在一些本來就已很完整的事物上加上一些什麼東西，以突顯自己的努力或功勞。又或者，因爲要證明自己的優越，便用未必專業、未必正確的眼光，在其他人的心血上增添自己的意見或主張。

這些都是不必要的行爲，但卻因爲長久以來官場或職場文化當中的種種積習，使「畫蛇添足」的舉動始終屢見不鮮。

並不是增添無謂的東西就能展現自己的才氣，懂得適可而止、恰到好處的價值，才能體現出自己的見識與水準。否則，就會像這個爲蛇畫上腳的門客一樣，不但喝酒喝不成，反而遭人嘲笑。

用謹慎揭穿謊言的矛盾

謊言必有與事實相違之處，如果我們想要找出真正的答案，那麼就必須以科學的、謹慎的態度來審視它們。

近年來，詐騙案件層出不窮。詐騙集團不是靠自己的勞力獲得財物，而是憑藉著謊言與誇大其詞賺取黑心錢。

他們利用人們的欲望與貪心，撒下漫天大謊，企圖從他人身上得到各種好處。也因爲如此，他們的謊話一個比一個精巧，一個比一個更容易讓人上當，於是受害者層出不窮，連執法單位也幾乎束手無策。

究竟普天之下，什麼樣的東西才能夠揭穿不實的謊言？

戰國時期，上至國君，下至黎民百姓，人人都相信長生不死的傳說，幻想著有一天能獲得仙藥，長生不死。

楚國的國君年事已高，身體狀況大不如前。他非常迷信，幻想自己有朝一日能長生不死，永遠統治天下，於是重金懸賞長生不死之藥，還派人四處尋找。但是一天天過去了，還是沒找到仙藥，身體越來越差的國君心急如焚，又加派人手去更遠的地方尋找，並在告示上加重了酬金。

楚國有個道士專門投機取巧，看了張貼的告示後，心生一計，想到這是個賺錢的好機會，於是就製造了一顆「仙丹」。其實，這顆「仙丹」只不過是用幾味草藥搗成粉末，再和上麵粉和糖熬製而成的，經過一番修飾，外表看來烏黑發亮，還真像那麼回事。他又買了個精緻的盒子盛放仙丹，一切準備好後，就揭下告示，進宮去了。

來到國君的殿門口，卻被一個衛士攔下。這個衛士非常聰明，一直以來，對國君四處尋仙藥的事也覺得可笑，根本不相信這個世上有這種仙藥。

衛士想，這個送丹藥的肯定是個騙子，正好趁這個機會揭穿騙局，又可以警醒君王。

衛士問道：「你拿的是什麼東西？」

道士得意洋洋地說：「給大王的仙藥，吃了可以長生不死。」

衛士又接著問：「可以吃？」

道士說：「當然可以吃。」

聞言，衛士冷不防地突然打開藥盒，一口把仙藥吞了下去。其他衛士一看這種情況就趕緊去報告大王，而道士一看即將到手的財富泡湯了，也和衛士爭吵了起來。

這時，一群武士把他倆押到了大王面前，大王非常憤怒，指著衛士說：「大膽！連我的仙藥也敢偷吃，活得不耐煩了，推出去斬了！」

道士在一旁附和道：「對，對，殺了他。我好不容易找到仙人的藥方，經過七七四十九天才煉製出來的仙丹，本來是孝敬大王的，結果讓他吃了，該殺！」

這個聰明而耿直的衛士並不驚慌，對楚王說：「我問道士這藥可以吃嗎？他說可以吃，我才吃的，這罪不在我而在道士啊。再說，如果這仙藥真像道士所說的吃了可以長生不死的話，那大王是殺不死我的，如果大王能把我殺了，就證明藥是假的，那個道士就是拿假藥來欺騙大王，也應該砍頭。不如大王先問問道士這仙藥是真是假，再決定殺不殺我也不遲啊。」

於是國君轉向道士：「你說，這藥是真是假？」

這個騙人的道士心裡算計著，要是說假話的話，那衛士一死，自己也活不了啊，於是趕緊下跪說：「大王，小人知錯，小人也不知道這藥是真是假，只是根據書上胡亂做來的。」

話才剛說完，楚王就下令把衛士放了，把道士推出去砍頭。

這位衛士可以說既聰明又有智慧，同時具有正義感，在他的揭發之下，道士的詭計才得以被拆穿。楚王雖然一時糊塗，但在衛士以充滿智慧的行動與言語應對之後，相信再也沒有人膽敢以這種謊言欺騙他了。

是的，「智慧」正是足以對抗謊言的利器，也唯有「智慧」，才能讓一切的虛假無所遁形。

謊言必定有與事實相違之處，如果我們想要找出眞正的答案，那麼就必須以科學的、謹愼的態度來審視：這件事合理嗎？有證據可以佐證嗎？有互相矛盾的地方嗎？

同時要注意的是，謊言之所以能夠成功，是因爲它是以人的貪念爲基礎設下的騙局，就像故事裡的楚王一樣，總嫌自己活得不夠久，期望能永生不死，才會輕易相信道士的話。

因爲如此，我們更要杜絕一些不切實際的妄想，如果想要發財，就靠自己的雙手去爭取，千萬不要一心只想尋找一步登天的手段。

摀上耳朵，就以為別人聽不到？

以為自己不聞不問，裝做不知道，某件事就未曾發生，就不存在了。事實上，這樣的行徑充其量不過是在自欺欺人罷了。

古今中外有許多笑話，都在一些自作聰明的人身上發生，他們的所做所爲，常讓旁觀的人發噱，但卻覺得自己十分聰明，不知道究竟哪裡可笑？

回想起來，人們在自作聰明時所做的傻事還不少，而且大部分還都有些離譜。其中相當有名的，應該是發生在古代中國的這個故事。

春秋末年，晉國的六大家族之一范氏滅亡的時候，封地、財產被其他家族瓜分了。但是，有一口大銅鐘卻遺漏在屋旁的草叢裡。

范氏家族附近住著一個人，平日好吃懶做，從不願意靠勞力去賺錢，一天到晚總想著能撿到一大筆錢財。所以，他到了年紀一大把還是光棍一個，家裡總是窮得連飯都沒得吃。

這一天，這個好貪小便宜的人來到范氏家族的宅院裡，想看看范家還有什麼剩餘的東西。他想范氏家族是晉國最富有的人家之一，金銀財寶不計其數，哪怕只撿到一件東西，也夠自己吃一陣子了。

可是，他把范家宅院裡裡外外全翻遍了，卻什麼值錢的東西也沒有找到。正要離開的時候，看見在牆下有一口鐘，走過去仔細一看，發現這口鐘是青銅鑄成的，又大又重。

這可讓他高興極了，心想，「這口鐘可真大啊！要是把它扛去賣了，一定能得不少錢，夠我吃上好幾天了！」

想到這裡，他就要去扛那口鐘。可是那口鐘實在太重了，他使盡了全身的力氣，鐘連動也沒有動一下。

這下可把他急壞了，苦思冥想了很久，卻想不出什麼好辦法。要是找幾個人幫忙抬，又不願意讓別人分享這意外之財，實在讓他很為難。

這個時候，他看到了一堆被打碎的水缸碎片，一下子就有了主意，對自己說：「既然銅鐘那麼大，搬也搬不動，不如把銅鐘砸成碎片，不就可以拿回去了嗎？」他往四周看看，並沒有看見有人。

於是，他便快速地跑回去，扛起一把大鐵鎚，又快速跑回來。等到四周沒有人的時候，他舉起鎚子朝大銅鐘砸了下去，一鎚下去，銅鐘發出了震耳欲聾的巨響，把他嚇了一跳。他想，這麼大的聲音，別人不是都聽到了嗎？那自己偷鐘的行為不就曝露了？

他坐在地上，又想了好一陣，終於想出一個好辦法：「我找個什麼東西把耳朵堵起來，不就什麼都聽不見了嗎？我在這麼近的地方都聽不到，那別人在遠處也肯定聽不見的。」

想到這裡，他就把衣服脫了下來，把耳朵蒙得嚴嚴實實的，然後再掄起大鐵鎚向大鐘狠狠地砸去。這下果然聽不到鐘聲了！他心裡高興得不得了，使勁地猛

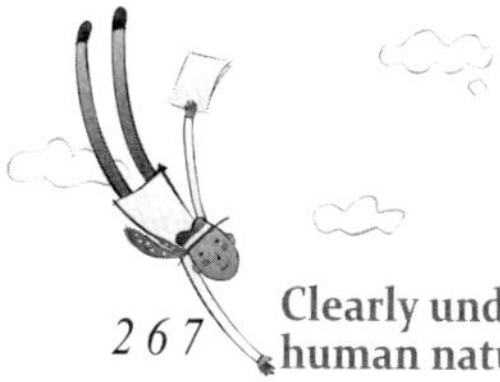

砸起來。

住在周圍的人們聽到了鐘聲，不知道發生了什麼事，都跑出來看。他們見到一個人正在使勁地砸鐘，忙問他怎麼回事，可是那個人卻毫無反應。這時候，有個人走到他的跟前，拍了拍他的肩膀，他這才發現來了那麼多人，奇怪地問：「我都聽不見聲音了，你們怎麼會聽見呢？」

他面前的人看到他把耳朵包得嚴嚴實實的，一下子就明白了他的意圖，忍不住哈哈大笑起來，說道：「以為自己蒙上耳朵，別人就聽不到聲音了，真是荒唐可笑！」

這個「掩耳盜鈴」事件所代表的不只是古時一個笨小偷的個人行爲，更傳達出一種普遍的人類性格：以爲自己不聞不問，裝做不知道，某件事就未曾發生，就不存在了。

事實上，這樣的行徑充其量不過是自欺欺人罷了，眾人的目光雪亮，就算一時之間被蒙在鼓裡，又怎麼可能會永遠一無所知呢？即使那名小偷蒙住了自己的耳朵，竊盜的事實還是不會改變，更何況那口鐘的聲音響亮無比，鄰近的人哪有聽不見的道理？

掩耳盜鈴者有意故作不知，反而更突顯了犯罪的事實。即使裝做聽不到、看不見，事實依舊存在，現實的世界還是會教人明白：別自欺欺人了，勇敢面對現實吧。

背叛盟友，等於背叛自己

不要因為任何原因，輕易地背叛彼此之間的關係。否則，一時的短視近利，可能帶來的是永遠的遺憾。

這個世界上，爾虞我詐的事很多，損人利己的勾當也不少，為了自己的利益，很多人什麼事都做得出來！

這些的確是在競爭激烈的社會中求生存的方法，不過，有些短視近利的人，看不清楚自身與他人間的利害關係，只為了一時的小利，犧牲掉的卻不只是別人的幸福……

背叛了與自己的命運緊緊相依的盟友，通常也代表著背叛了自己，這就是

「唇亡齒寒」的道理。將與自己的生存息息相關的盟友雙手奉送給敵人，就等於自己將防守的城門打開，還有不敗的道理嗎？

春秋戰國時期，各國之間為了爭奪土地和人口而相互征戰。有一次，晉獻公決定出兵攻打虢國，可是晉國與虢國之間夾著虞國，虢國與虞國素來關係不錯，所以晉國要想取得虢國，不但要經過虞國境內，還要確保虞國不插手這件事。晉獻公覺得這個問題十分棘手，怕虞國不肯借路讓他的軍隊從虞國境內通過，於是召集群臣商議對策。

大臣荀息對晉獻公獻計說：「依微臣之見，虞公生性貪財，如果能給他點好處，他一定會借路的。」

晉獻公問道：「要給他什麼樣的好處呢？」

荀息接著說：「只要把垂棘出產的美玉和屈地產的駿馬，拿去送給虞公，然後再向他借路，不怕他不答應。」

晉獻公說道：「那怎麼行，垂棘的美玉是我祖傳的寶貝，而屈地的駿馬是我

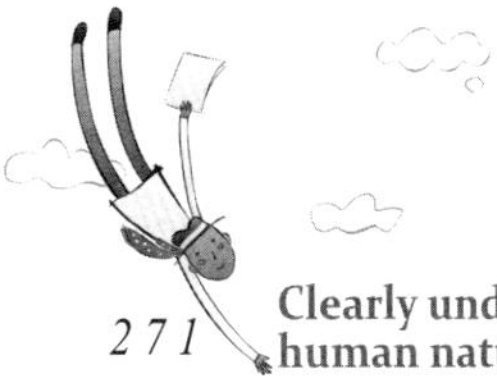

最好的坐騎，我怎麼捨得把它們送給虞公呢？再說，要是寶物送了，他還不肯借路怎麼辦？」

荀息說：「這個大王不必擔心，大王的玉石和駿馬只是暫時放在他們那裡代為保管一下罷了，等我們滅了虢國，再回來攻打虞國，就可以把大王的玉石和駿馬拿回來了，就好比把玉石從內部庫房取出來放到外部庫房，把駿馬從內馬圈牽到外馬圈一樣，要把玉石和駿馬拿回來是輕而易舉的事，大王何必擔心呢？」

聽到這裡，晉獻公於是點點頭，派荀息去虞國借路。

荀息牽著駿馬，捧著寶玉，來到了虞國。果然不出所料，虞公貪圖財富，一看見寶玉和駿馬，眼睛便睜得大大的，連荀息說什麼都聽不見，心裡只想著這兩件寶物。荀息說明來意後，虞公想也沒想就一口答應了。

荀息一走，虞國大臣宮之奇就對虞公說：「大王不能借路給晉國啊！」

虞公正把玩著寶石，聽宮之奇這樣說，就問道：「為何？」

宮之奇說：「大王有所不知，我們和虢國的關係是互為表裡的，破壞了任何一個，另一個也將不復存在啊！古人說『脣亡齒寒』脣和齒是相互依存的，虞國和虢國正是如此啊！虞國之所以存在，就是因為有虢國，而虢國之所以存在也是因為有我們虞國。這是晉國的一個陰謀，他們一定是想先滅掉虢國再來攻打虞國，如果借路給晉國，那麼虢國早上滅亡，虞國晚上也要跟著滅亡的。虞國已經是危在旦夕了，怎麼能借路給他們呢？希望大王三思，收回成命，我願代大王把兩件寶物送回晉國。」

虞公根本聽不進宮之奇的勸告，一心想的只有這兩件寶物，聽到剛到手的寶物要送回去，更是不耐煩地對宮之奇說：「行了，我說借就借，你不必多言了，退下吧。」宮之奇只好無可奈何的走了。

晉獻公得知虞國答應借路非常高興，就派荀息帶領兵馬，前去攻打虢國。虢國沒有了虞國這個屏障以及支援，很快就被攻陷都城，滅亡了。

荀息班師回朝的途中，接著進攻虞國，虞國因為沒有了虢國的支援，又加上準備不足，也被晉國滅了。荀息從虞公宮中取回了玉石和駿馬，這兩件寶物又重歸晉獻公手中。

虞公對於國家情勢完全不了解，被一些小小的利益蒙蔽了心志，不明白沒有虢國，虞國也必然無法生存的道理，以致最後走向亡國的命運，這樣的結果，一點都不值得同情。

有太多的人輕易被一時的利益，或是對方設下的陷阱所誘、所惑，並認爲這樣做不會傷害到自己，於是便眼睜睜地看著盟友消失，最後才忽然發現，自己只剩下孤身一人，再也沒有人會來幫助自己！

認清誰才是與自己有共同利益、共同對手，並需要相扶相持才能一起生存、成長的盟友，並且不要因爲任何原因，輕易地背叛彼此之間的關係。否則，一時的短視近利，可能帶來的是永遠的遺憾。

08

先釜底抽薪，再趁火打劫

找到與對方利益緊密相連的另一方，使出釜底抽薪的手段，設法造成威協對方的態勢，使談判產生轉機，然後再趁火打劫，使對方屈服於自己提出的條件。

轉移注意力是一種巧妙的偽裝

金錢攻勢往往會讓人失去戒心，天下沒有白吃的午餐，如果朋友給予不要求付費的利益，事後必然會要求更加昂貴的東西。

做人一定要懂得適當偽裝自己，尤其是當自己成爲衆所矚目的攻擊焦點時，更是必須儘快地運用策略，藉以轉移別人的注意力，如此才能讓自己避開即將來臨的風暴。

麥迪西家族的財富是在文藝復興時期依靠銀行業聚斂而來的，後來勢力越來越龐大。然而在佛羅倫斯，人民非常反感像他們這樣發家的家族，寇麥迪西家族一直保持低調來應付這種局面。

到了一四七〇年，如何解決這個問題落到了羅倫佐的身上。

羅倫佐巧妙地採用了轉移注意力策略，並且取得很好的效果。他非常慷慨地贊助藝術，創辦了義大利最好的藝術學校，米開朗基羅和達文西就是在這所學校中成長的。

羅倫佐傾盡全力庇護他們，米開朗基羅和達文西為了回報他的慷慨，都毫無保留地把他們的藝術作品交給他。

羅倫佐不缺錢，缺少的是好名聲，總是用金錢來打敗他的對手。

比薩地區於一四七二年威脅要反叛時，羅倫佐就用金錢資助比薩大學，成功地轉移了比薩人的注意力。比薩人把比薩大學看成是他們的光榮，然而由於缺乏資金，比薩大學失去了原來的光華。於是，羅倫佐抓住比薩人熱愛文化的心理，暗中操作，把他們的注意力轉移到文化上，使他們最終放棄了反叛的想法。

那個時代，在佛羅倫斯，人們認為開設銀行是卑鄙行為。儘管可以獲得金錢和權勢，但是銀行家的社會評價卻很低。藝術則不一樣，和宗教一樣受人歡迎。

羅倫佐很清楚這一點，表面上在為藝術花費金錢，實際上是透過這個途徑為自己買個好名聲。

法國國王路易十四也曾運用同樣的手段，讓金錢發揮最大的作用。當時，大臣要保持自己在宮廷中的地位，需要花費大量的金錢，導致他們越來越窮困。這個時候，路易十四就把自己的金錢慷慨地贈與他們，讓他們感恩戴德，在金錢攻勢下表現越來越忠誠。

每個人都必須面對金錢問題，金錢攻勢往往會讓人失去戒心。

必須留意的是，天下沒有白吃的午餐，如果朋友給予不要求付費的利益，事後必然會要求更加昂貴的東西。在現實生活中，要善於見微知著，覺察出隱藏在恩惠後的意圖。

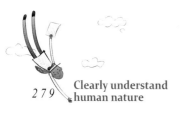

做個聰明的老實人

> 做人應當誠實正直，不要有害人之心，不過，防人之心也不可無，畢竟人的心思是很難讀懂的，必須提防別人口蜜腹劍的算計。

古人一再提醒我們：「防人之心不可無」，強調與人合作或共謀時，在尚未熟悉對方的確實情況之前，千萬要小心謹慎，不要讓自己過度地暴露個人心思，這樣才不會被有心人利用，而讓自己陷入危機之中。

總而言之，就是要設法做個聰明的老實人。

唐高宗死後，武則天開始垂簾聽政。為了順利得到天下，並壓制宗室大臣的不服與反抗，於是，在東門設立「銅匭」，下令如果發現任何圖謀不軌的情況，都可以用密函的方式，將信件扔進銅匭，只要密報經查證後確實無誤，告密者便可以得到封官晉祿的獎勵。

當時有位胡人李元禮，便是因告密成功，而獲得了游擊將軍的官銜。其他像是尚書都事周興、來俊臣等人，見狀也紛紛效法，競相羅織他人的罪名，讓自己的官運扶搖直上。

在這些人當中，以周興最為機敏狡詐，當時他豢養了一批專門告密的地痞流氓，每當他想陷害某人時，便會命令這些流氓前來告密，然後弄假成真。

周興還挖空心思製造了一系列令人不寒而慄的刑具逼供，還將這些刑罰取了一些好聽的名目，如定百脈、突地吼、鳳凰曬翅、仙人獻果、玉女登梯……等等。當受審的嫌犯一看到這些「別出心裁」的刑具，早就被嚇得魂飛魄散，無不寧願立即招供，以免受罪煎熬。

然而，風水輪流轉，這天周興居然被人告密了，說他串通其他人試圖謀反，蓄意奪權，武則天對此事甚為重視，立即指派來俊臣審理此案。

曾與周興狼狽為肝的來俊臣深知，周興是憑著告密用刑起家的，想要讓他老實招供並不是件容易的事。

於是，他先邀請周興一同飲酒，席間則不斷地稱讚周興，以鬆懈他的心理防衛，最後向他請教：「周兄，我最近碰到了一個十分狡猾的犯人，各種刑具我都用過了，他就是不肯招供，不知道你願不願意教我幾招？」

已經被來俊臣捧得飄飄然的周興，不知其中有詐，不假思索地對來俊臣說：「老弟，我跟你說，如果你把這個狡猾的囚犯放入一個大甕，然後架在火上烘烤，你想他招或不招？」

來俊臣一聽，樂得拍手稱妙，立即派人搬出來大甕，並架起炭火。

周興一看，原來的好氣氛都被弄壞了，不悅地問：「老弟，難道你要在這裡審訊犯人嗎？」

只見來俊臣笑著命人撤去殘席，接著拿出武則天的敕文，板起臉孔對著周興說：「請君入甕吧！」

果然，周興還未置身大甕，便馬上招供。

雖然這是則發生在唐朝的歷史典故，然而，卻是做人做事上常用的厚黑謀略，必須時時以此警惕自己。

在錯綜複雜的現實社會，你需要提防的人不僅僅是你的敵人、你的對手，還包括你的朋友、你的夥伴、你的上司、你的下屬……你必須意識到，現實生活中每個人都關心著自己的利益，在利益面前，即使是你最親近、最信任的人，也難免居心叵測，甚至不惜出賣你。

做人應當誠實正直，不要有害人之心，不過，防人之心也不可無，畢竟人的心思是很難讀懂的，必須提防別人口蜜腹劍的算計。

做人要藏心，做事要留心，如果你在得意之時，不小心謹慎，輕易地暴露了自己的實際情況，恐怕會讓自己一直處於失敗之勢！

製造玄機就能化解危機

競爭過程中，原本就是要虛實交互運用，讓競爭對手握不住你的實力，從而無法與你進行對抗。

自己的真實力量，有時需要向對手全部展示，但有時候也要巧妙地掩藏起來。然而，什麼時候該進行「火力展示」，什麼時候又該隱藏實力，則要依當時的實際情況而定，只要我們運用得當，自然能受益無窮。

孫臏和龐涓都是鬼谷子的學生，後來龐涓先行下山，當上了魏國駙馬，並陷害孫臏受到「臏刑」，導致雙腳殘廢。孫臏脫險之後，先以圍魏救趙之策大挫龐涓的銳氣，然後又在戰場上與龐涓正面決戰。

由於孫臏技高一籌，鬥智而不鬥力，所以，他運用「減灶法」製造假象，在戰場上逐漸減少燃灶的數目，讓龐涓誤以為孫臏節節敗退，命令手下軍士緊追不捨。直到兩軍在馬陵道會戰，孫臏依計整合全部兵馬，給了龐涓迎頭痛擊，龐涓才知道中計，最後被亂箭射死。

這是戰場上的謀略，所謂知己知彼，百戰百勝，商場之中也是如此。

我們首先要對自己有正確的評價，然後瞭解對手的虛實，先適度地隱藏自己的實力，學會製造假象，讓對方錯估情勢，進而爲自己製造一個絕佳的優勢。

曾經，有家銀行忽然傳出財務不穩的消息。

當時已經接近下班時間，那間銀行馬上被擠兌的人潮擁得水洩不通，此時如果處理不當，銀行很有可能會就此倒閉。

所幸，該銀行的經理鎮定自若，不慌不忙地將庫存的現鈔全部搬了出來，一面延長銀行營業時間，另一面緊急向同行拆借現金。

當趕來擠兌的人，看見現場現金如此充足，不禁相信銀行的實力沒有問題，大都認為財務不穩的消息應該是個謠言，再加上大排長龍的等待，實在浪費時間，便放心地回家休息，擠兌的人數立即明顯變少了。

另外，一些銀行大戶，看見銀行的情形穩定，又想到提領完現金還有被搶的風險，索性相信銀行，也省得為自己增添麻煩，這場擠兌風波也就此煙消雲散。

另一個例子是，曾經有某家上市公司，因為市場派和當權派爭奪經營權，而藉著拉攏股權的方式爭奪不休。

在股權開始進行登記之後，市場派四處活動，到處請託送禮，拉攏的股權份額很快地便超過了當權派。

在兩者股權拉長了距離之後，市場派預估其餘小股東不會出席，又見當權派無力拉攏，眼見局勢已定，他們便自信滿滿地認為，一切穩操勝算，所以，便對當權派的注意力逐漸鬆懈，甚至開始為奪權成功而慶祝。

未料，當權派早就暗中拉攏其餘的分散股權，努力邀請他們聚餐歡敘，並在登記截止的期限前一刻，帶著小股東全數前往會場，進行登記手續。

這個情況讓市場派頓時傻眼，面對這樣致命的一擊，他們根本無法招架，在完全沒有掙扎的餘地之下，只能以奪權失敗而告終。

這彷彿就像孫臏與龐涓決戰的現代翻版，說明競爭過程中，原本就是要虛實交互運用，讓競爭對手掌握不住你的實力，無法與你進行對抗。

這幾則隱藏實力與展示實力的方法，都表現得恰到好處，他們合理地利用自己的實力，然後稍加隱蔽，沒有讓人們窺破其中的玄機，巧妙地扭轉對方的心理，讓成功穩固地站在自己這一邊。

所以，捉準時機將優點掩飾起來，讓對手鬆懈怠惰，甚至對你毫無防備，掉以輕心，直到遭遇你的正面進攻才驚醒，但卻為時已晚，這也是謀求獲勝的商戰策略中，最常運用的方法之一。

不拘小節，人才會鞠躬盡瘁

一個成功者的事業版圖，往往是用無數人才的血汗繪製而成。相同的，他們邁向成功的階梯，也經常是用人才鞠躬盡瘁的屍骨堆疊而成。

身爲一個想要有所作爲的領導者，最應該擔憂的是手下無可用之人，盡是一些成事不足、敗事有餘的蠢才。

因此，在舉用人才之際，一定要不拘小節，因爲，領導者除了要積極經營自己的版圖之外，更需要人才的輔佐，群衆的擁護，才能長治久安。

戰國初期的名將吳起為了入仕，便拜孔子的學生曾參為師，學習儒家義理，由於吳起勤奮向學，深得曾參的喜愛。

然而，當吳起的母親去世時，他卻不願意按照當時的習俗回家守孝三年，認為那樣只會白白浪費時光。

這件事讓曾參非常生氣，一氣之下將他趕出師門，從此，吳起便放棄了儒學，轉而學習兵法。

當齊魯之戰爆發，魯國國君雖然想任用吳起，卻因為他的妻子是齊國人，而有所猶豫，後來吳起的妻子恰巧死了，魯君這才放心派他率軍出征。

這一戰，吳起率領了兵少將弱的魯國軍隊，居然打敗強盛浩大的齊軍，展現了自己卓越的軍事才能。

雖然他大勝而回，這時卻傳出了一個相當歹毒的謠言，指出吳起為了當上將軍，竟然不惜殺害妻子。

魯王聽聞傳言之後，並沒有詳加查察，便聽信左右讒言，從此疏遠吳起，而被謠言中傷的吳起深深受挫，也離開了魯國。

不久，他得知魏文侯正在廣募賢才，便立即轉道來到魏國，後來幸運地獲得魏國將領翟璜賞識，隨即推薦給魏文侯。

然而，魏文侯也擔心吳起徒有才能，卻品德不佳，因為他也聽說，吳起不願為母親守喪之事，以及為了當上將軍，不惜將自己的妻子殺害的傳言。

不過，翟璜卻力勸魏文侯：「想要成就大業，就應當不拘小節，吳起沒有守孝三年，我國也沒有一定要遵守儒家禮教的規定，再者，就算吳起急於建功立業而殺妻，不也正好符合國家的需要？」

後來，魏文侯聽了吳起的軍事見解，馬上驚為天人，徹底心服口服，任命他為大將軍，派他出任西河守。

吳起到西河後訓練軍隊，帶領百姓耕種梯田，因為頗能體恤民情，深得百姓愛戴，沒有幾年工夫，便把西河治理成進可攻、退可守的重要據點。

西元前四〇九年，吳起帶領軍隊渡過黃河，攻克了秦國的臨晉、洛陽、合陽等重要城鎮，更讓企圖大舉入侵中原的秦軍大敗而逃。

一個成功者的事業版圖，往往是用無數人才的血汗繪製而成，相同的，他們邁向成功的階梯，也經常是用人才鞠躬盡瘁的屍骨堆疊而成。這麼說雖然充滿權謀，卻是不爭的事實。

如果，當時魏文侯只注意那些對吳起不利的傳言與缺點，而忽視了他的軍事才能，那麼他的損失恐怕不小吧！

從魏文侯重用吳起這個故事中，我們可以得知，身爲一個優秀的領導人，在選用人才和班底之際，一定要用人唯才，不拘泥世俗的小節，能夠如此，便能爲自己創造成功的高峰。

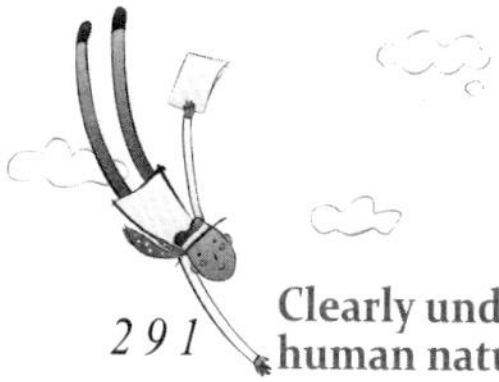

做人千萬不要強出頭

如果刻意地在對方面前，表現自己高人一等，或是炫耀自己的小聰明，反而會自曝在危險之中，甚至讓旁人視為愚蠢的舉動。

法國思想家盧梭曾經寫過一句值得深思的警句：「禽獸根據本能決定取捨，而人類則通過算計來決定取捨。」

人活在世上，不管做人或做事，難免要遭遇許許多多「人性習題」。在詭譎多變的人性叢林中求生存，聰明人一定要懂得「做人要藏心，做事要留心」的道理，在考慮問題、制定謀略的時候，更要兼顧利與害這兩個方面。

許多人在待人接物之時，總是喜歡吹噓自己，試圖把別人比下去。

殊不知，刻意地炫耀你的聰明或才華，只會讓你顯得愚昧，贏得一時的虛榮，卻喪失更遠大的前景。

隋代的薛道衡文才出眾，十三歲就能朗誦《左氏春秋》。

隋文帝時，薛道衡被任命為內史侍郎，在隋煬帝時，則外放擔任潘州刺史，直至大業五年，才被召回京師任職。

當時，薛道衡寫了一篇《高祖頌》，自己頗感得意，但隋煬帝看完後，不悅地說：「只不過是文辭華麗而已。」

因為，隋煬帝楊廣一向自認文才甚高，認為沒有人能超越自己，所以對薛道衡的文才心存嫉妒。

當時，有位御史大夫見狀，便乘機進讒言：「薛道衡自負擁有才子之名，不把皇上看在眼裡，這根本存有造反之心。」

內心極度不悅的隋煬帝因而聽信讒言，下令將薛道衡處以絞刑。

這個例子說明了，鋒芒畢露的人時間一久，便會引來旁人的嫉妒，周圍的人因爲感到自己的無能，也不願與他合作。

唐順宗就深明這層道理，即使貴爲太子之時，也儘量小心翼翼地注意自己的言行，以免惹來禍害。

喜歡以天下為己任的唐順宗，還是太子身份時，便曾對東宮幕僚說：「我要竭盡全力，向父皇進言革除弊政的計劃！」

幕僚王叔文聽了，深以為不妥，立即向他諫言：「身為太子，首先應該做的事情是盡孝，你應該多向父皇請安，問候起居冷暖。因為，改革是目前最棘手，也最敏感的問題，如果你過分熱心，有心人就會以為你企圖以國家改革的名義來招攬人心，萬一讓皇上誤會你想篡位，而對你有所猜忌，對你來說並不件好事，而且更無助於國事改革啊！」

唐順宗聽完這番話後，立刻有所省悟，之後便收斂許多。

這樣的改變，讓他在唐德宗荒淫專制的晚年，沒有招來不測的災禍，也才能

成就日後唐朝的順宗改革。

從故事中我們明白，處理人際關係時，我們務必要謹慎小心，不要傷及對方的自尊心，也不要引起別人的猜忌。

如果刻意地在對方面前，表現自己高人一等，或是炫耀自己的小聰明，反而會自曝在危險之中，甚至讓旁人視爲愚蠢的舉動，輕則讓對方更加自卑，從此拒絕與你來往，重則讓對方想要挫挫你的銳氣，反而讓自己陷入危機。

當然，在這個講求分工合作的現代社會，如果沒辦法讓組織團結，有些工作根本無法完成，因而，我們也不必對工作採取消極的態度，只要小心表現，不要處處張揚，表現出令人反感的小聰明，試圖將榮耀獨攬在自己身上，那麼你自然而然能處處化險爲夷。

如何讓別人為自己賣命

一個領導人必須先具備「為公」的寬廣胸懷，然後再發動溫情攻勢，經營好自己的「私人關係」。

在變動不羈的競爭環境中，一個英明的領導者必須根據不同的情勢，採取相應的作戰方針，不管伸縮、進退，都應該進行客觀的評估，如此才能獲得勝利。更重要的是，要適時發揮溫情攻勢，進行感情投資。

在感情方面進行投資，有時會創造意想不到的功效，作爲領導者，應該深諳其中的奧妙，適時地讓溫情效應發酵。

一九四九年，國共「三大戰役」結束後，取得半壁江山的中共解放軍，積極進行渡越長江的前置作業。

可想而知，一旦長江防線被解放軍突破，蔣介石政權滅亡就指日可待，因為，首當其衝擊的，就在位於長江沿岸的首都南京。當時，蔣介石的國民黨軍隊中，有一位上將奉命在長江南岸佈防，由於受失敗情緒的影響，士氣相當低迷，竟然和其他三位軍官一起在防禦工事的地堡裡打起麻將。

當天夜裡，蔣介石恰巧巡視到該地。他悄悄地走到地堡裡，一語不發地看著這四位正在賭博的軍官。過了一陣子，終於有人發現身後多了個人，抬頭一看，居然是蔣委員長，四個人嚇得面無血色，唇齒打顫，雙腿發抖，以為這下子腦袋保不住了。

豈知，蔣介石當時並未發怒，也未加以斥責，而是慢慢地走到桌前，坐了下來，輕輕地說了聲：「繼續玩！」

蔣介石的牌技不錯，不一會兒就贏得了一大把鈔票，他將這把鈔票推到站在身邊，還在發抖的將軍面前說：「都拿去吧，補貼一下家用。」

幾位軍官見狀，感動得熱淚盈眶。這時，蔣介石站起身，很嚴肅地向這四名軍官行了個軍禮，懇切地說：「兄弟，一切拜託了！」

就在幾位軍官哽咽不已的時候，蔣介石又一言不發地走了。

後來，在中共百萬大軍渡過長江的時候，這幾位軍官率領士兵浴血頑抗，寧願戰死也不降。長江防線被攻破後，那位將軍毅然決然地舉槍對準自己的腦袋，飲彈自盡了。

這位將軍生命的最後一刻，腦海裡閃過什麼景象，其實不需要心理學家加以分析。他必定憶起了蔣介石查勤的那個晚上的情景，想起了蔣介石的軍禮，以及那一聲凝重得讓人窒息的一聲——「兄弟，拜託了！」

所謂「女爲悅己者容，士爲知己者死」，上面這個例子說明了，一代梟雄蔣介石善於籠絡、收買人心的一面，不愧是個擅長利用溫情攻勢讓部屬心甘情願賣命的領導統御高手。

他加入國民黨之後，即對黨內各股勢力的恩怨情仇和利益糾葛詳加分析，並且妥善經營自己的人際關係，終於躍爲黨政軍最高領袖，幾乎所有當道的黨政要員和將領全是他的親信或嫡系。

雖然他的歷史評價毀譽參半，行事也有可議之處，不過在經營人際關係與領導統御的技巧方面，仍然有值得學習之處。

必須注意的是，無論你是哪個層級的領導人，經營人際關係的立足點，應該是爲自己領導的部門創造績效、謀求最大利益，而不是居於私心拉黨結派。一個領導人必須先具備「爲公」的寬廣胸懷，然後再發動溫情攻勢，經營好自己的「私人關係」。

先釜底抽薪，再趁火打劫

找到與對方利益緊密相連的另一方，使出釜底抽薪的手段，設法造成威脅對方的態勢，使談判產生轉機，然後再趁火打劫，使對方屈服於自己提出的條件。

《孫子兵法·九變篇》中論及利害時強調：「是故屈諸侯者以害，役諸侯者以業，趨諸侯者以利。」

意思是說，要迫使別人屈服，就要用他們最害怕、最忌諱的手段去擾亂和威脅；相反的，要使別人爲自己做事，就要用利益加以引誘。

一九六一年時，哈默石油公司在奧克西鑽通了加利福尼亞州第二大油田，價值估計至少二億美元。幾個月後，公司又在布倫特任德鑽出一個蘊藏量非常豐富的油田，價值可望達到五億美元。

為了將產品打入市場，哈默想要與太平洋煤氣與電力公司簽訂為期二十年的天然氣出售合約。

不料，到了真正交涉的時候，卻碰了一鼻子灰。因為，太平洋煤氣與電力公司已經有了充足的油源，也有了穩定的用戶，所以他們的總裁高傲地對哈默說：「對不起，我們已經有了油源，品質也很好。」

哈默受挫，想在價格上和服務品質方面讓步，以便使談判出現轉機。然而，對方很沒有耐心，不願改變計劃，幾句話就把哈默打發了。

哈默被潑了冷水，還是忍受了下來，努力思考幾種制伏太平洋公司的辦法，最後決定採取「釜底抽薪」的手段。

哈默搭乘飛機前往太平洋煤氣與電力公司最大的買主——洛杉磯市天然氣承辦單位。只要動搖了這位客戶，太平洋公司必定要改變計劃。

他前往洛杉磯市議會，向議員們大吹法螺，描述自己的公司開出了兩口上等品質的油井，為了推動洛杉磯市的經濟發展和服務廣大市民，他準備從恩羅普修建造天然氣管道直達洛杉磯市，並且用比太平洋公司及其他任何競爭者更便宜的價格，供應天然氣。

對這番信口開河的話，聽得十分心動的議員們，於是準備按照哈默的計劃，放棄太平洋煤氣與電力公司的天然氣。

太平洋公司知道這個消息後，面對可能破產的絕境，感到驚慌萬分，趕緊來找哈默，表示願意合作。臉厚心黑的哈默在同意合作之餘，還趁火打劫，提出了一系列有利於己的條件。處於被動地位的太平洋煤氣與電力公司，根本就不敢提出任何異議，馬上乖乖地與哈默簽署合約。

事情不能繼續下去時，應該思考阻礙的主要原因，然後找到與對方利益緊密相連的另一方，使出釜底抽薪的手段，設法造成威脅對方的態勢，使事情產生轉機，然後再趁火打劫，使對方屈服於自己提出的條件。

善用環境的特殊催化力量

談判前擬定的計劃中，選擇談判環境和地點的準備工作十分重要，因為這具有促成談判儘速達成協議的特殊催化力。

從許多知名人士的成功案例，我們可以知道，想要有一番作爲，想達成自己的目標，做事萬萬不能掉以輕心。必須善於發揮自己獨到的創意，進行長遠的佈局，並且善用環境的特殊催化作用。

美國第二任總統湯姆·傑弗遜，在《獨立宣言》簽署發表後幾年曾說：「在不舒適的環境下，人們可能會違背本意，言不由衷。」

他指的事眾所周知，《獨立宣言》的簽署會場是在一間馬廄的隔壁，當時正值署氣炎炎的七月，天氣特別悶熱，令人煩躁不安。

更令人忍無可忍的是，馬廄裡有許多飛來飛去的蒼蠅，在談判會場中橫行無阻，有時停在談判代表的臉上，有時則在談判代表的背上，甚至無所顧忌落在代表拿筆的手背上。

在這種情況下，簽字意味著一種解脫，又有誰願意跟嗡嗡亂飛的紅頭蒼蠅長期糾纏在一起呢？

據說，以前美國總統卡特在主持埃及和以色列的和平談判時，也故意把談判地點選在大衛營，因而順利達成目的。

大衛營並不是渡假勝地，而是連一般市民休閒之時都不願去的地方。那裡最刺激的活動，就是撿撿松果、聞聞松香而已。

據聞，卡特為了讓這次中東和談圓滿落幕，使了許多小手段，例如提供的娛樂工具，是兩輛供十四人使用的自行車。

住在那裡的埃及總統沙達特和以色列總理貝京，每天晚上只能從兩部電影中選擇一部來觀賞。結果到了第六天，他們早把這兩部電影看了好幾遍了，看得煩透了，可是，卻沒有新片可看。

每天早晨八點，卡特就會去敲他們的房門，聲音單調地對他們說：「我是吉米·卡特，請準備再來渡過內容同樣無聊，而且令人厭倦的十個小時吧！」

如此過了十三天，沙達特和貝京再也支持不下去了，心想只要不影響自己的前途，乾脆早點兒簽字，好離開這個鬼地方。

《獨立宣言》簽字之快，以及中東和談協議的順利簽署，環境是一個不可忽視的因素——選擇在馬廄隔壁和大衛營做爲談判簽字的地點，就是逼迫雙方求大同存小異，儘快成交的方式。

一般選擇談判的環境，總是以風景名勝爲多，而且房間具備起碼的條件，寬敞、明亮、通風、隔音良好和氣溫宜人；假如談判代表有特殊愛好或任何忌諱，房間的佈置上就要有一定的配合度。

至於枯燥惡劣的環境，有時之所以理想，是因爲優美的環境往往使人流連忘返，惡劣的環境則使人想儘快尋求解脫。如此的願望，可以促使雙方代表爲了達成協議，而加倍努力，儘速結案。

從上述例子我們可以看出，談判前擬定的計劃中，選擇談判環境和地點的準備工作十分重要，因爲，這具有促成談判儘速達成協議的特殊催化力。

傑弗遜和卡特兩位總統，分別爲各自進行的談判，預先設計的計劃是何等周密細微，眞可謂煞費苦心。

同時，這也給了談判者一種激勵的啓示：談判預測的推演準備，對談判成敗或效果的優劣，事關重大。

讓自己的晉升之路暢通無阻

遭遇棘手的事情，處理時越要講求策略、講求方法，儘量調停各方面的緊張對峙關係，力求各方面都對處理的結果都感到滿意。

在現實社會求生存，必然會面對形形色色的人，有的人專門顛倒黑白、混淆是非者，有的人陽奉陰違、兩面三刀；有的人陰險狡詐、詭計多端，有的人表面上笑臉盈盈，背後卻設伏諸多陷阱……

正因爲因此，做人一定得心思縝密，做事多留心眼，才能讓自己在複雜多變的人性叢林中安全無虞。

清朝末期，湖南有個道台名叫單舟泉，善於判斷事情，辦事切中要領，並且能運用策略化解矛盾，因此在當時聲望頗高。

有一次，一個到湖南旅遊的洋人在街上買東西，一些當地小孩子因極少見到金髮碧眼的外國人，所以跟前跟後地指指點點。這個洋人感到很惱火，於是就用手中的拐杖揮趕這些小孩。

豈料，有一個孩子躲閃不及，不幸被擊中太陽穴，瞬間慘死街頭。

小孩子的父母親當然不肯放過這個闖下大禍的外國人，糾集路人一齊圍上來，扭住那個外國人不放。外國人只得又舉起拐杖亂打，連周圍看熱鬧的人也被打倒了好幾個。事情越鬧越激烈，眾人於是齊心協力，將這個外國人用繩子捆綁起來，扭送到道台衙門。

當時的中國，曾經因為類似的涉外事件而惹起許多麻煩，所以官府在處理這類案件時格外棘手。

審理此案的正是單舟泉。他認為湖南見過世面的有錢人很多，而且民風較為慓悍，如果自己辦案辦得不妥，民眾必定會群起抗議，甚至會引起民變。

因此，他必須先把官司的複雜性和辦案的難處告訴他們，並請他們出面協助官方處理。如此一來，當地的士紳們會認為自己是站在民眾這邊，會群起擁護。

但是，如果要秉公處理，外國領事又難於對付，因為依照當時不平等條約的慣例，外國人在中國享有治外法權和獨立審判權，不受中國本土法律的約束。如果以中國法律將這位洋人論處，就當時的情況來看，毫無疑問會爆發嚴重的禍端。所以，單舟泉認為有必要讓當地士紳、老百姓發洩公憤，到外國領事抗爭，形成僵持局面，到時候再由官府出面維護秩序，解決對峙僵局。因為官怕洋人，而洋人又怕老百姓，老百姓又怕官。到那時，老百姓知道官府是為他們做主，自然易於同官府溝通。

如此這般想好之後，單舟泉即去拜會了幾個有影響力的士紳，對他們說：「外國人打死中國人，如果輕易放過，老百姓不會答應，我也於心不忍。現在唯一能解決問題的辦法是大家齊心合力，與外國領事力爭，討還公道。」

此話傳出之後，老百姓都稱讚單舟泉是一個愛國愛民的好官，並認為大家應該協力幫他才是，不應該與他為難。

隨後，單舟泉又對外國領事說：「我們這個地方百姓蠻橫，難於馴服，這樁官司又觸犯眾怒，民眾都想要將兇手親手打死。我得知此情焦急萬分，生怕有三長兩短，急忙派兵加以保護，才沒惹出禍亂。否則，兇手早就被活活打死了。」單舟泉又說道：「在貴領事處外聚集了許多要鬧事的百姓，等候處理結果。我費了好大周折才把他們勸住。但是，此案如果判輕了，民怨必定會更加沸騰。」

外國領事聽他這麼一說，又見外面的確聚圍了不少群眾，果真害怕起來。最後，單舟泉便順利地處理了這樁棘手的官司，而且兩面討好，兩面都稱讚他有能力、會辦事，同時也受到督撫大人的好評。

當然，這個故事的寓意，並不是要求我們把自己變得首鼠兩端、圓滑世故的小人，而是強調越事遭遇棘手的事情，處理時越要講求策略、講求方法，儘量調停各方面的緊張對峙關係，力求各方面都對處理的結果都感到滿意。

如此一來，眾人才會覺得你辦事秉公處理，不懷絲毫私心，從而減少一些沒必要的怨氣，讓自己的晉升之路暢通無阻。

09

沉得住氣，才能獲得勝利

在具體的政治和商業活動中，領導者應主動地、自覺地引用「以逸待勞」的戰法，要多動腦筋，沉得住氣，不應浮躁從事。

找出癥結，問題就能順利解決

當你了解了問題的癥結在哪裡，你便可以得知該從哪裡下手。世界上沒有解決不了的問題，有的只是你不了解的問題。

《孫子兵法》中論及利害時強調：能判明敵人的虛實和作戰意圖，必然會取得勝利；相反的，要是什麼都不知道，那就必敗無疑了。

現實生活中也是如此，面對難解的問題，必須先找出癥結所在，再擬定有效的進攻策略。

當問題發生時，你看到的只是表面的結果；問題爲什麼會發生，這才是你眞正應該探究的原因。

找出根源，你也等於找出了答案。

業務員小周有一個令他十分頭疼的客戶，這個客戶專愛拖帳，而且往往一拖就是好幾個月。

為了這個客戶，小周不知道讓經理給數落了多少次。其實，並不是他不積極地去催帳，只是這家公司老闆老謀深算，只要秘書一聽見電話那頭傳來小周的聲音，便會馬上接著說：「我們老闆不在。」然後，「喀嚓」一聲掛斷了電話，叫小周向誰開口要錢呢？

若是直接跑到客戶的公司門口，櫃檯小姐一看到他，便一定會中氣十足地扯著嗓子喊道：「真是不巧，我們老闆今天不在咧！」

做生意做得這麼痛苦，小周不是沒想過乾脆不要和這家公司打交道，只是市道冷清，如果放掉這隻大魚，可能會連魚乾都吃不到！為了長期的利潤著想，小周只好硬著頭皮，一次又一次的上門去碰釘子。

終於有一天，小周想出一個對症下藥的辦法。他匆匆忙忙來到客戶的公司。

照例，在門口就吃了櫃檯小姐的閉門羹，她大聲喊道：「我們老闆不在，請你先回去，等老闆回來我再請他打電話給你。」

小周只好點了點頭，轉身走向門口。臨出門前，像是忽然記起了一件事情，他走回櫃檯，從公事包裡掏出一封信交給櫃檯小姐：「要是妳老闆回來了，麻煩妳把這封信轉交給他。」

說完，小周就急忙離去。

過了一會兒，又看到小周氣喘如牛走回來，上氣不接下氣對櫃檯小姐說：「很對不起，剛才的信給錯了，請妳還給我。這封信才是給妳老闆的。」

櫃檯小姐走到辦公室裡拿了那封信出來交還給小周。

小周瞄了信封一眼，發現信封已經有被拆開過的痕跡，興奮地說：「太好了！妳老闆已經回來了，請妳帶我去見他。」

就這樣，小周順利見著了老闆，拿到了貨款。

在把貨款放進公事包的同時，他看了看皮包裡那封被拆開的信，信封上寫著：「內有現金，請親啟。」

小周臉上浮現了得意的笑容。

小周的問題是什麼？他有一個貪心的客戶，因爲貪心，所以拖帳，如果想要成功的收回帳款，必須先從人性的貪婪面著手。

任何問題的答案，都隱藏在問題之中。

沒有人可以處理一個自己不知道是什麼問題的問題，解決問題的第一步，是深入了解。

如果對方是一個貪心的人，你就必須誘之以利；如果問題只是來自於誤解，你便可以釜底抽薪。

當你了解了問題的癥結在哪裡，你便可以得知該從哪裡下手。世界上沒有解決不了的問題，有的只是你不了解的問題。

對心腹大患不能手軟

法國文豪巴爾札克曾經寫道：「志得意滿、自高自大和輕信他人，是人生的三大暗礁。」

富勒曾經寫道：「對敵人憐憫，等於自找麻煩。」

的確，在這個爾虞我詐的人性戰場上，你的敵人不僅不會因爲你對他網開一面，而對你感激在心，反而會在暗地嘲笑你不該有「婦人之仁」，等到時機成熟，更會無情地將你消滅。

歷史上的斑斑血跡難道還不能讓你警醒嗎？

如果你不想做一個一時心軟憐憫別人，最後卻被人嘲笑的失敗者，就必須學會做人做事應有的謀略。

春秋時期，吳國大夫伍子胥，曾經幫助闔閭刺殺吳王僚，奪取王位。吳王闔閭在伍子胥的幫助下，國勢逐漸強大，後來，伍子胥又因攻破楚國有功而被封於申地。

西元前四八四年，繼位的吳王夫差打敗越國之後，為了爭霸中原，野心勃勃地準備出兵攻打齊國。越王勾踐採用文種的計謀，假意帶領部屬前來助威，並且送了諸多厚禮給吳王夫差和太宰伯嚭等大臣。為此，吳國君臣都十分高興，只有伍子胥憂心忡忡。

他勸告夫差說：「越國是我們的心腹之患，勾踐表面上裝得很謙卑順服，但骨子裡仍是為了實現他侵吞吳國的野心。我們不如早一點對它下手，以絕後患。今天我們如果輕信了勾踐的花言巧語，不遠千里去攻打齊國，好比得到了一塊不能生長莊稼的石田，一點用處也沒有。因此，希望大王放棄伐齊的打算而先攻打越國，不然的話，等越國強大反撲過來，就後悔也來不及了。」

吳王夫差沒有聽從勸告，反而受到離間開始疏遠伍子胥，後來居然聽信太宰伯嚭的讒言，賜劍令伍子胥自殺。

伍子胥臨死前，忿忿不平地對手下說：「我死後，在我的墳上種上樹，等到樹長大成材時，吳國差不多也就要滅亡了。我死了之後，你把我的眼睛挖出來掛在吳國東門之上，以便讓我親眼看著越國滅亡吳國。」

十一年之後，吳國果然被越國滅亡，吳王夫差自殺身亡。

法國文豪巴爾札克曾經如此寫道：「志得意滿、自高自大和輕信他人，是人生的三大暗礁。」

驕傲自滿是一座吞人噬人的陷阱，遺憾的是，這個陷阱往往是我們親手挖掘的，等到察覺之時已經後悔莫及。

勾踐與夫差在吳越之戰後臥薪嘗膽，力圖復國雪恥，而做事不留心眼的夫差卻益發自大自滿，企圖稱霸中原、一統天下。

面對夫差的強勢，勾踐以退爲進，假意求好，鼓動簧舌要夫差不遠千里去攻打齊國，一方面消弱敵人的防備之心，一方面削減敵人的戰力，待自己養精蓄銳，實力充足之際，再一舉進行復仇復國的行動。

本來，勾踐的計謀早已被吳國第一謀士伍子胥看穿了，但夫差並不信任伍子胥，反而因此給了敵人可趁之機，無怪乎心高氣傲的伍子胥，在被逼自盡時憤而留下惡言詛咒吳國滅亡。

夫差亡國自盡時，若想起伍子胥之諫言，想必是後悔莫及了。

以智取勝，才是真正的領導高手

謀略可以以弱勝強、以少勝多，可以化劣勢為優勢，最終取得勝利。對於戰爭局勢而言，它可以扭轉乾坤；對於人本身而言，它可以改變你的一生。

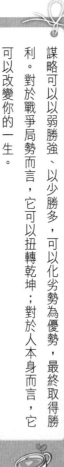

最理想的用兵大計是以智取勝，上兵伐謀，鬥智不鬥力，將重點放在擾亂和摧毀敵人的智囊謀略上。《孫子兵法．謀攻》中這樣論述：「故上兵伐謀，其次伐交，其次伐兵，其下攻城。」

用兵的上上之策，是能識破並打亂敵方的作戰意圖和謀略，摧毀他們的智囊機構，其次是要切斷敵國與其周圍國家的聯絡與交往，使之處於孤立無援的境地。最後才是與敵人進行正面戰鬥，以凌厲的攻擊取得勝利。最愚蠢的下策則是爲了攻取城池而與對方進行消耗戰，此舉不但勞民傷財，本身犧牲巨大，而且不一定有什麼好結果，經常得不償失。

在市場經濟的廣闊天地裡，領導者的謀略或策略往往是商務活動的依據和根源，在瞬息萬變的生活中，現在與以後的情況將變得如何，我們並不大可能有百分之百的把握，更不能只靠主觀的臆測了。

《孫子兵法》所言「上兵伐謀」，運用到商場上，強調應事先調查好對手的市場經營狀況，以及他們的商戰原則和策略步驟，這樣方能對症下藥，採用適當的策略反擊，一舉將對手擊潰。

很多時候，謀略可以以弱勝強，以少勝多，可以化劣勢爲優勢，最終取得勝利。對於戰爭局勢而言，它可以扭轉乾坤；對於人本身而言，它可以改變你的一生；對於企業界的領導者而言，它可以使你在商海來去自如；對於政界的各級領導人來說，它可以使你威信大增、聲譽日隆。

一提起計謀，很多人都會想起《三國演義》裡的「空城計」。當時，諸葛亮揮師傾巢出動，只留下幾十個老弱病殘守一座空城，忽然接到有十萬魏軍來攻城，蜀軍老弱病殘，敵人強悍盛大，如此懸殊的實力要如何頡頏？

只見諸葛孔明將數十老弱病殘分爲兩組，沿城門兩邊一字形排開，自己則在城樓上撫弦彈琴，當司馬懿十萬大軍殺來，看見城樓上的諸葛亮如此泰然自若，而且在兵臨城下的時候還氣定神閒，反而不敢再進一步。生性猜疑的司馬懿仔細思量後，即刻下令十萬大軍全部後撤，放棄進攻。

直到他弄清楚諸葛亮的計謀時，卻已後悔莫及了，而正是古代軍事史上以少勝多、以弱克強的著名戰例。

這裡再提一個弱者善用智慧化險爲夷，轉危爲安的寓言故事。

很久以前，兇狠狡詐的狼一心想吃掉狐狸，但想來想去最終都想不出好法子，有隻自作聰明的公雞，便自告奮勇地要幫助牠。只見公雞到狐狸哪兒，謊稱狼已經死了，請狐狸前去觀看。

聰明的狐狸來到狼的臥室，遠遠地看了一眼，接著說：「我聽說，狼死了以後嘴都要張開，可是這頭狼死了嘴卻還閉著，真是奇怪。」

睡在床上的狼聽狐狸這麼一說，自己也沉不住氣，於是就把嘴慢慢地張開，試圖證明自己是真的死了。

狐狸見到狼的嘴張開了，知道牠根本沒有死，完全是騙人的詭計，於是就飛也似地跳出門去。

「君子鬥智不鬥力」，強調眞正的領導高手要懂得以智取勝的要訣。而「上兵伐謀」則包含了兩方面的意思，一是自己必須以智勝敵，善用計策，不戰而屈人之兵，不動一兵一卒而使敵人降服，這才是眞正的領導高手。

另一方面，則是在攻擊敵人的時候，要集中力量和智慧破壞敵方的謀劃，不讓敵方的計謀得逞。

注意，敵人的刀槍不長眼睛

敵人的刀槍、流箭不長眼睛，領導者應視情況、環境適時進行調整，如果一味僵化不知變通，恐怕只有失敗的分了。

《孫子兵法》云：「兵無常勢，水無常形。」

做人做也是如此，不應有固定的模式，應該如同水會根據不同的容器而呈現出不同的形狀一樣。

世事萬物無時無刻不處在變化之中，如果你不能具體分析問題，並根據實際情況靈活擬定應變措施，那你所制定的路線、方針、策略，所做出的實施方案和步驟，就可能與實際情況格格不入，甚至大相逕庭，從而碰得頭破血流。

有一個鄉下人想到城裡去買東西，順便帶了幾根竹竿去城裡賣。

當他來到城門前時，由於竹竿太長，怎麼也進不了城門，這時有個過路人見他急得滿頭大汗，就出了個主意說：「你為什麼不將竹子鋸成幾截呢？」

鄉下人一聽，覺得這個辦法不錯，於是將竹竿鋸成幾截，終於順利通過城門，但進城之後卻沒能將竹竿賣出去，因為長的竹竿人們買去還有用處，可鋸成了這麼多段，還能做什麼呢？

稍微細心一點的人就會發現，這個愚蠢的鄉下人折騰了老半天，就是不知道只要把竹竿換個角度，與地面平行的狀態便能進城了，可笑的是，連提供餿主意的路人也沒有想出這麼簡單的方法。

因循守舊，不懂得因地制宜、因勢利導，無疑是人生和事業的大忌。

在中國的古籍中，關於這方面的例子非常多，它們以特有的幽默和風趣反覆地告誡我們，應當怎樣去對待不斷變化發展著的事物。

我們先來看「鄭人買履」的故事。

鄭國有一個人想要到城裡買一雙鞋子，於是開始細心地用尺比劃好自己腳的尺寸，做好鞋底的模型。但是，當他走了很遠的路來到城裡的時候，卻發現自己忘記帶做好的模子，於是懊惱的他，只好空手回家裡，就這樣沒買成鞋子。

買鞋時，有人好心提醒他說：「你用腳試一試不就行了嗎？為什麼一定要那個模子呢？」

他卻回答說，那個模子是他量了自己的腳以後，好不容易才做好的，所以一定要有那個模子才行。

如此迂愚，連自己的腳和腳的模子哪個最具有意義，哪個屬於「本」，哪個屬於「末」完全都不懂，這樣僵化的思維，缺乏最基本的靈活性和機動性，不論做什麼事都是很危險的。

還有個故事，是關於兩軍打仗時候的變通。

春秋時候，宋襄公為了稱霸諸侯而與楚國交戰，宋軍早已擺好仗陣，而這個時候河對岸的楚國軍隊卻還未渡過河。

按說，在楚軍渡河的時候，宋國軍隊可以發動突擊，一舉殲滅敵軍，然而親自指揮這場戰鬥的宋襄公，卻以為應該等對方渡完河，擺好了仗陣後，才可以進攻，否則便違背了仁義和人道的原則。

可是，等到對方擺好仗陣開戰，宋國軍隊便被打得落花流水，潰不成軍，最終白白地將可以到手的勝利拱手送給了對方，連一聲謝謝的話也沒得到。

更殘酷的是，敵人的刀槍、流箭不長眼睛，以仁義之師自許的宋襄公在此役身受重傷，最後不治而亡。

這些故事和典故所表達的，其實是極爲簡單樸實的道理，卻也容易被忽略，在在提醒我們應視情況、環境適時進行調整，如果一味僵化不知變通，恐怕只有失敗的分了。

用心，才能得到別人的關心

人與人之間唯有用真誠的心，才能真正地得到別人的關心和協助，你怎麼待人，人們就會如何待你，這是千古不變的真理。

身爲美國總統的麥金利，每當辭退某個面試者時，都會表現得非常遺憾，並且滿臉憂愁，反而讓求職者對他的爲難模樣感到不好意思。

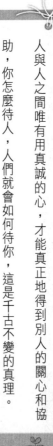

麥金利還常常透過這樣的舉動安慰來訪的失意者：把自己的胸花摘下來，別在對方的領子上。

有一次，他拒絕了一位勞工領袖的請託，只見那人勃然大怒，麥金利誠摯地對他說抱歉，並握著他的手問：「你成家了沒？」

勞工領袖說他已經結婚了，這時麥金利從西服上取下一朵荷蘭石竹遞給他，說：「把這個送給你的妻子吧！並向她表示我的敬意和祝福。」

這個舉動立刻使對方平靜了下來，臨走時他對總統笑著說：「我寧願只要這朵花，這已經足夠了。」

麥金利對孩子也是如此，某天下午，總統秘書的兩個孩子來到白宮參觀，麥金利和他們聊了一會兒，就在他們轉身要離去時，他將自己領上的一朵荷蘭石竹取下，送給了大男孩。

這時，小男孩既生氣又嫉妒地看著哥哥，於是麥金利馬上從花瓶裡取出另一朵鮮花，先在自己衣服上的飾孔裡插上一會兒，然後再拔出來送給那個小男孩。過了好幾年之後，這個秘書的小兒子回憶說，他在麥金利總統那裡上了一課待人處事的好方法。

爲人處世需要技巧，交際應酬也要有妙招，才能擄獲人心，當然，更重要是，要先有一顆體貼而眞誠的心。

也許待人處事的道理都很八股，但是，我們既然要在社會上行走，就脫離不了這些處事法則。

當人與人之間需要互動的時候，這些全是我們必須具備的方法和態度，因爲那不僅是我們得以與別人良好相處的方法，同時也是我們經營人際關係的訣竅。

自然，人與人之間唯有用眞誠的心，才能眞正地得到別人的關心和協助，因爲你怎麼待人，人們就會如何待你，這是千古不變的眞理。

正視別人渴望獲得尊重的心理

一個高明的領導者必須淡化自己的權勢慾望，正視一般人渴望獲得尊重和賞識的心理，如此一來，才能激起下屬的感遇之心，心甘情願赴湯蹈火。

要想在社會關係中如魚得水、左右逢源，光講究「八面玲瓏」是遠遠不夠的，因爲八面玲瓏只意味著圓滑、鄉愿，連誠心誠意的境界都未達到。

自己若是缺乏誠心、沒有誠意，就不可能從別人那裡得到任何情誼，只能偶爾占點小便宜，但時日一久之後，你就露出廬山眞面目。最後，變得人人躲你，人人怕你，對你「敬鬼神而遠之」。

人情和人際關係的「資源」一旦耗盡，你就變成一條擱淺的巨鯊了，等著被水鷹和食腐動物吃掉。

因此，想要獲得別人善意的回應，與人交往之時，應該要強調「誠心誠意」；只有誠心誠意才能滿足別人渴望獲得尊重的心理。

我們都知道劉備三顧茅廬，請諸葛亮下山爲自己效命的故事。

當時的劉備有如喪家之犬，四處流亡依附別人，連自己的地盤都沒有著落，可以說是身處危亡之境。

但是，他卻有禮賢下士的優點，只要誰有真才實學，或具有某方面的特長，他都會不辭勞苦，親自登門拜訪，把對方奉若上賓。所以，他能找到像關羽、張飛這樣流傳古今的猛將，並以兄弟相稱，結為生死之交。

後來，他到了南陽，聽說諸葛孔明高風亮節，有經天緯地之才，並能運籌帷幄，決勝於千里之外。於是，劉備兄弟三人，一同前去諸葛孔明居住的地方隆中草堂拜訪，試圖請出這個曠世奇才共謀大計，共創霸業。

可是，身懷奇才的諸葛亮不願輕易許諾，為了考驗劉備的誠意和決心，他故意迴避了兩次，使得隨行的關羽和張飛兩人氣得大發雷霆。

但是，劉備卻仍堅持以誠相待、以誠感人，三顧茅廬之後，終於請出諸葛亮為自己出謀劃策。

最後一次，天空下起了鴻毛大雪，諸葛亮在草堂裡酣睡，劉備等三人靜靜在門外等候。諸葛亮深感劉備誠意十足，最後終於答應輔佐蜀漢，「受任於敗軍之際，奉命於危難之中」，從而為劉備鞠躬盡瘁，死而後已，成為禮賢下士、以誠待人的一段千古佳話。

魅力型的人物懂得如何去吸引別人，並激起他人追隨的慾望。他們各有各的招式，其中的每一招每一式，都蘊藏著神奇的魔力，引誘、迫使追隨者爲他們效力賣命。

許多歷史的典故都告訴我們，身居高位的領導人，若能放下身段，做到禮賢下士，賢能之士就會拋頭顱、灑熱血地回報知遇之恩。

箇中緣由只在於，人人都有一顆自尊心和虛榮心，潛意識裡人人都渴望獲得別人的尊重與賞識。

相反的，如果領導人一味以手中的權力對別人呼來喚去，或是進行要脅逼迫，就會讓人敬而遠之。

正因爲如此，一個高明的領導者必須淡化自己的權勢慾望，正視一般人渴望獲得尊重和賞識的心理，如此一來，才能激起下屬的感遇之心，讓他們心甘情願地赴湯蹈火。

沉得住氣，才能獲得勝利

在具體的政治和商業活動中，領導者應主動地、自覺地引用「以逸待勞」的戰法，要多動腦筋，沉得住氣，不應浮躁從事。

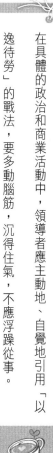

古往今來的戰爭歲月中，戰爭的最終勝負並不完全取決於兵力的強弱或人數的多寡，很大程度上是取決於人心的向背和軍隊內部的凝聚力。沒有凝聚力就如同一盤散沙，就是外強中乾，一上戰場就一觸即潰，兵敗如山倒，這種戰例古今有之，可以說不勝枚舉。

秦朝末年，劉邦和項羽是兩支起義軍的領袖，但因為兩個人截然不同的性格與領導風格，最終出現了戲劇性的變化。

一介武夫的項羽，自稱「力拔山兮氣蓋世」，率領強大的兵力專攻秦軍主力，戰無不勝，攻無不克。但是，後來與劉邦交戰過程中，項羽的弱點卻暴露得越來越明顯，他雖武功蓋世，卻不會用人，原本在他麾下的很多名將和謀臣，便因此被劉邦「挖」走，連被他稱為「亞父」的范增百般忠告，他也聽不進去，最後落得眾叛親離。

反觀劉邦，雖然他的兵力不如項羽，但卻善於籠絡人心，知人善任，所以內部較團結，凝聚力強，因而戰鬥力也強。

兩軍對壘中，項羽漸漸由盛轉衰，而劉邦卻漸漸由弱變強，項羽連吃敗仗之後，最後竟在烏江自刎，結束楚漢爭霸的戰爭。

從某些方面說，是軍心的向背和內部的凝聚力決定了這場「楚漢之戰」。項羽的內部渙散，人心思變，實力不斷削減，相對的，劉邦卻擁有著凝聚力與眾志成城的信念，最終贏得勝利。這說明了，只要能上下一心，齊力合作，才有獲勝

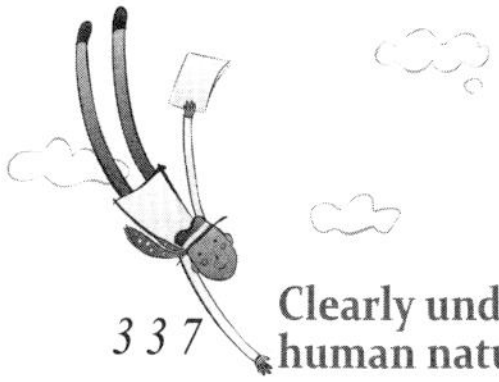

的可能。

此外，《孫子兵法》中也強調：「以虞待不虞者勝。」

意指要有事先準備，將各種情況了然於胸，一舉一動都在思慮之內，如此一來，便能細細地張好網、備好繩，等待敵手來自投羅網，這與「以逸待勞」的意思很相近。

「逸」本來的含義即是輕鬆自如，「勞」即是忙忙碌碌、慌慌張張。

在《左氏春秋左傳》裡，曾記載著這樣一個戰例。

春秋時期，魯國與齊國作戰，兩軍擺好仗陣，準備廝殺。

當敵方擊鼓指揮軍隊進攻的時候，魯國軍隊卻一動不動，魯莊公有些著急，催促軍師曹劌下令出擊。

曹劌卻說：「不用著急，當他們敲一遍鼓的時候，士兵精力充沛，精神激昂，等敲第二遍鼓的時候，士氣就已經有些衰減的跡象了；到第三遍鼓的時候，士氣就已衰竭了。所以，我要等到對方敲第三遍鼓的時候，才一鼓作氣攻擊。這樣，

我方的將士正好發揮精力充沛的優勢，以逸待勞，哪有不勝的道理？」

這就是對「以逸待不逸」的詮釋，在具體的政治和商業活動中，身爲一個領導者，也應主動地、自覺地引用「以逸待勞」的戰法，要多動腦筋，沉得住氣，不應浮躁從事。

努力是爲了掌握更多機會，獲得更高成就，印證自己的價值。

一個人想要成功，除了要知道如何把握機會之外，最重要的是要秉持「做人要藏心，做事要留心」的原則，在關鍵時刻做出最正確的選擇，而不是任由外界的人事物左右自己的意志。

如何表現自己最有利？

表現自己時過於露骨，張口閉口不離自己如何好、別人如何壞，或自己如何精明能幹，如何技高一籌，很容易引起別人的反感。

在社會上，我們經常可以聽到這樣的議論：「這個人光會耍嘴皮，沒有眞才實學，才做芝麻大那麼一點事，就要四處張揚。」

或者，有領導者勸誡部下：「要踏實些，少說多做。衆人的眼睛是雪亮的，不要怕大家不知道。」

如果，有人用了這些話來評價你，那就是說，你在表現自己方面打了一個大敗仗，而且是輸得一團糟。因爲，善於表現自己的人，往往能做到在不知不覺之中展露才華，並且讓人產生好感。

有的幹部一有空就找上司閒談，當然是什麼都談，談工作也談私事，如此一來，就能把自己想要說的東西「夾帶」在裡面兜售出去了。

爲了表現自己，讓上司知道自己爲公司付出了些什麼，不必過度強調自己的付出，你可以盡力抬高你的同事，因爲你把他抬高，也就等於抬高了自己。而且你不必吹噓自己，只說你的同事或助手如何優秀，反而更能讓領導對你增添好感，讓他認爲你是個謙虛而沒有嫉妒心的人，更是個有親和力的可靠員工。

相反的，有一種人則不會表現自己，或者表現自己時過於露骨，張口閉口不離自己如何好、別人如何壞，或是自己如何精明能幹，如何技高一籌。這種表露方式很容易引起別人的反感，也許當你拚了命地吹噓自己時，上司也早已在心裡暗罵：「小子，還嫩了點，你尾巴一翹，我就知道你要幹什麼了。」

如果是另外一個人講你的好話，效果就遠遠比自己講要強得多。

這裡有一則寓言故事可供我們參酌。

猴子和貓在森林裡一同遊玩，可是到了晚上牠們又凍又餓，這時，牠們發現有個獵人燒了一堆篝火，而且火裡面還有香噴噴的栗子，猴子很想吃，但是又沒有辦法將栗子從火堆中取出來。

於是，牠心生一計，拼命地吹捧貓如何聰明能幹，而且是世界上最仁慈的動物。不久，猴子見貓被捧得如騰雲駕霧，便叫貓用爪子將火堆中的栗子刨出來，與自己一齊分享。於是，貓就順著猴子的吩咐去做，每當牠辛苦地掏一個，猴子便吃一個，儘管貓的爪子被火燒得痛疼難忍，卻仍然聽著猴子的命令，繼續往火堆中掏栗子。

這個故事要告訴我們，自己做不了的事情，可以考慮讓別人來做。如果你急於想讓上司或領導者瞭解你，並對你投以關注的眼神，不妨讓一個與你關係最密切的人去替你說說，只要處理得好的話，即使只有一句話也能解決大問題。

不過，想採取這種方式必須謹記兩點。

一是，你找的人必須是知心朋友，必須忠實地執行你的意圖，並達到你所想要達到的目的。

如果你物色的人並不知心朋友，或者心中還有點「花花腸子」，那麼你就很可能會栽在他手裡。

儘管他會按你的說法去吹捧你，心中卻可能暗藏殺機，很容易讓你的上司知道這完全是出於你的指使，而且不留任何痕跡，這樣一來不啻是「聰明反被聰明誤」，讓上司對你產生極度反感，認爲你只不過是一個小人而已。

二是，必須點到爲止，不可吹捧得太過火，因爲你的上司畢竟比你多了些經歷，過於暴露的時候，他仍然會發現其中的玄機。

總之，採用類似的方法，成功的關鍵在於一個「巧」字，欲使用這個方法仍然要非常謹慎。

變質的讚美顯得虛偽

要讚美別人，一定要出於真心，若是為了利益的交換，為了拍馬屁，那麼人格的高低也就一覽無遺了。

在人與人的社交場合中，我們常常會看到一些人八面玲瓏、口若懸河，交際手腕非常高明。這樣的人，總是能在各種公開場所，爲各種「重要」人物戴上一頂頂的高帽子。

當然，應該給予掌聲的時候我們不應吝惜，但是當讚美變成一種利益交換的手段，它的意義也就變質了。

有位姓張的先生，家裡新添置了一張床。這張床非常漂亮，床頭有精美的木雕的圖案，床尾有細緻好看的花紋，擺在臥室裡為臥室增添了不少光彩。

張先生有一個嗜好，就是特別喜歡聽人恭維，更自覺自己的東西都是最好的。這次既然買了一張如此漂亮的床，當然不會放棄聽人恭維的好機會，迫切希望別人能夠看到這張床，誇獎他的床。

可是，床已經買好幾天了，盼來盼去，這幾天都沒什麼人到家裡做客，也沒有聽到任何恭維的話。張先生思前想後，決定自行通知親朋好友來家裡做客，好藉此機會炫耀一下自己新買的床。可是轉念一想，似乎有些不妥，因為家裡來了客人，都是在前廳接待，怎麼能看到臥室裡的床呢？

想來想去，張先生還真想出一個辦法來，那就是佯裝生病。這麼一來，凡來探望的親朋好友豈不都要到臥室坐一坐？如此，便可以達到目的了。

張先生於是病臥在床，家人遵囑轉告了幾位親朋好友，說張先生有病在床，不能前去拜望，但因十分想念親友，希望他們有空過來坐坐。

聽到好朋友臥病在床，一位姓王的老朋友馬上前去探望張先生。

王先生剛好新買了一雙鞋，質地很好，樣子也很新穎，於是穿著這雙新鞋去張家拜訪，想趁機向張先生炫耀一番，讓張先生誇誇自己的新鞋。

王先生到了張先生家，被引到臥室去見張先生。王先生問候過張先生，便到坐凳旁坐了下來。為了讓張先生看到自己的新鞋，他故意把衣服拉動了一下，再把一隻腿擱到另一隻腿上，這樣翹著腳，更容易讓張先生看到鞋。

坐下之後，彼此都說了些客套話，王先生當然噓寒問暖一番，但談論的中心不一會兒就轉移了，兩個人的注意力開始放在自己身上，一個人想著如何讓對方誇獎自己的床，一個人想著對方怎麼還沒有看到自己的新鞋呢？根本沒有注意到對方的變化，雙方都很著急，但還是在等待著對方誇讚。

就這樣持續了一陣子，張先生只好開始採取行動了。

只見他拍拍床，對王先生客氣地說：「先生請坐近一點，坐到床上來吧，這是我新添置的床，你看如何？」

王先生心領神會，這會兒才轉過神來，連聲稱讚，不斷叫絕。他邊誇床好，邊指著自己的鞋說：「新東西就是不一樣，你看我這雙新買的鞋，質地優良，樣式新穎，也不錯吧！」兩人都懷著一樣的心思，自然相互理解，於是，兩人都如彼此所願，向對方吹捧了一番。

張先生與王先生對彼此的讚賞豈是誠心的話語呢？其實，不過是滿足自己的虛榮心罷了。這點從兩人會面一開始就一心只想讓對方發現自己的新床、新鞋，卻壓根沒去留意對方的改變便可以發現到。

他們之間的吹捧，無疑是互取所需的交換！

這樣的場景並不陌生，我們也常見到一些言不由衷的互吹互捧，旁邊或台下的人聽得暗暗爲他們臉紅，但是當事人可不在意，說者與被捧的人都一副飄飄然的樣子，看了實在令人難受。

做人還是以誠懇爲上，如果要讚美別人，一定要出於眞心，若是爲了利益交換而言不由衷，爲了拍馬屁而誇讚對方，那麼我們人格的高低也就一覽無遺了，旁人雖然未必會把批評話說出口，但是在他們心底，早已經爲我們的人品打下了分數。

10

弄不清真相，就會吃虧上當

就是因為人們不求甚解，一廂情願地相信一些神棍、騙子的話，才會到了科學昌明的現在，還是有那麼多人上當。

及時雨才能解燃眉之急

或許對方需要的不是一筆很大的數目，也不是要全心全意的關懷，只要我們願意付出一點點，就足以讓他們脫離困境。

古人口中的人生幾大樂事，包括久旱逢甘霖、他鄉遇故知、洞房花燭夜、金榜題名時，每一件都是讓人打從心底開心的喜事。

其中「久旱逢甘霖」排在第一個，它爲什麼那麼値得興奮呢？應該就是因爲它「及時來到」的可貴性吧！

莊子家已經窮到無米可煮的地步了，無奈之下，莊子只好硬著頭皮到管理河道的官吏家去借糧。

這官吏見莊子登門求助，十分爽快地答應借糧給莊子，只是他說：「可以，待我收到租稅後，馬上借你三百兩銀子。」

莊子聽罷，對他說：「我昨天趕路到府上來時，半路突然聽到呼救聲。環顧四周不見人影，再仔細一瞧，原來在乾涸的車轍裡躺著一條鯽魚。」

莊子嘆了口氣，接著說：「牠見到我，就像遇見救星似地向我求救。據稱，這條鯽魚原本住在東海，不幸淪落車轍裡，無力自救，眼看快要乾死了，請求路人給點水，救救性命。」

官吏聽了，忙問莊子是否給了水救鯽魚一命？

莊子白了他一眼，冷冷地說：「我說可以，等我到了南方之後，就去勸吳王和越王把西江的水引到你這兒來，這樣就可以把你接回東海了！」

這官吏聽傻了，認為莊子的救助方法十分荒唐，「那怎麼行呢？等到水來時，牠早已經死了。」

「是啊，鯽魚聽了我的主意，當下氣得睜大了眼說：『雖然眼下缺水，使我沒有安身之處，但實際上只需幾桶水就能幫我解困，但你說要引水來全是空話而已，等你把水引來，我早就成了市場上的魚乾了！』」

那名官吏後來究竟有沒有借糧給莊子，我們不得而知，但可以肯定的是，聽了這個比喻，他應該不好意思再跟莊子說過一陣子再借了吧？

其實，即使時至今日，我們也常聽到這樣的敷衍之詞，這些話聽起來可能漂亮動聽，就像莊子說要引西江的水一樣冠冕堂皇，但它的實用性卻是零，因爲對於解決火燒屁股的急迫之事，一點幫助也沒有。

當他人需要我們伸出援手的時候，我們可能會跟自己這麼說：「嗯，雖然我很想幫忙，但我自己現在的經濟情況也不是很好，等我再充裕一點……」或者當他人需要的不是金錢或勞力，而是愛與關懷的時候，我們也會這麼想：「唉，我自己現在都自顧不暇了，哪還有心力去關心別人呢？等我自己的狀況好些時再說吧。」

可是，就像困在乾涸的車轍裡的魚一樣，或許對方需要的不是一筆很大的數目，也不是要全心全意的關懷，只要我們願意付出一點點，就足以讓他們脫離困境。

可是在這個時候，我們不但做不了及時雨，還向他們說：「等我……之後，一定會……來幫助你！」像這樣的空話，就算說了再多，也比不上現在就付出一點點關懷與協助啊！

弄不清真相，就會吃虧上當

就是因為人們不求甚解，一廂情願地相信一些神棍、騙子的話，才會到了科學昌明的現在，還是有那麼多人上當。

每一個國家、每一個地方，都有屬於自己的神話與傳說，不論是在什麼地方、什麼時代，都不可避免地充滿許多迷信與迷思。

究其原因，除了人類天生對於超自然力量、神鬼之說的喜好之外，一般人對於聽見的故事不加求證、誇大渲染的習性，導致最後是非黑白反倒成了辯不盡、道不明的「自由心證」，這才是造成迷信的最主要因素。

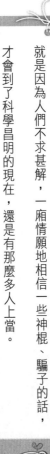

有一個人到野外去砍柴，經過一片沼澤地的時候，意外獵到一隻鹿。他非常高興，但沒有立即把鹿帶回家去，而是找了棵樹，將鹿拴在樹旁，打算忙完了之後再去牽鹿。

碰巧，有十多輛商人的馬車從這片沼澤地經過。車上的人看見樹旁拴著一隻鹿，周圍一個人也沒有，於是便把鹿牽走了。沒走多遠，這些人對於自己不勞而獲有點不安，就從車上拿了一條準備在路上吃的乾鹹魚放在拴鹿的地方當作補償，然後心安理得地離開了這個地方。

過了半晌，砍柴的人來取他拴著的那頭鹿時，發現樹旁的鹿不見了，卻有一大條乾鹹魚放在拴鹿的地方。他覺得太奇怪了，看看四周，不見一個人影，那乾鹹魚是從哪裡來的呢？就算是從附近湖塘中蹦出來的魚，也應該是鮮魚呀！憑空冒出一條乾鹹魚來，不是神蹟又是什麼呢？

想到這裡，這人恭恭敬敬地抱起乾鹹魚回家去了。

回家後，這人把這事告訴妻子和左鄰右舍，他們聽後都覺得很奇怪。

很快地，這件事便傳開了，而且人們越說越神奇，到後來竟然引來了許多前來祈禱的人。他們到沼澤地裡的小樹邊祈福消禍、治病驅邪，許多人的祈求竟然也靈驗了。

這樣一來，人們對這乾鹹魚的神蹟傳說更是深信不疑。於是，大家湊錢為乾鹹魚建了一座廟，將乾鹹魚供奉在裡面，還在廟裡設了多達幾十人的專職祝巫，並為乾鹹魚起了一個「鮑君神」的尊號。從此，「鮑君神」廟內神帳高掛，鐘鼓齊鳴，香火不斷，信徒絡繹不絕地從百里外趕來朝聖。

好幾年過去了，一天，一支經商的車隊路過這裡，當年放乾鹹魚的人也坐在車上。當他經過廟前的時候，看了這熱鬧的場面和廟門高懸的「鮑君神」匾額，感到十分奇怪，便下車向人打聽原因。

有人向他講了這座廟宇和「鮑君神」的來歷，他不禁大聲說道：「這是我的魚，是我幾年前親手拴在一棵樹上的，哪是什麼鮑君神呢？」接著，他走進廟內，上前將乾鹹魚取下，然後頭也不回地走了。

廟裡的祝巫和那些信徒被弄得哭笑不得，十分尷尬。從此以後，再也無人來朝拜這個「鮑君神」，漸漸地，廟的四周長滿了野草。又過了一些時候，這座廟也倒塌了。

在這個故事裡，還好最後那位掛鹹魚的商人多年後回到現場，並將事情揭露出來，這才停止了這齣烏龍戲碼繼續上演。

可是，世事未必總是如此，我們有充分的理由相信，世上一定有許許多多像鮑君神廟這樣的地方，以及這樣的事情存留下來，即使一開始是建立在巧合甚至謊言之上，時間一長，誰還說得清楚？誰還記得清楚？

再換一個角度來說，就是因爲人們不求甚解，一廂情願地相信一些神棍、騙子的話，才會到了科學昌明的現在，仍有許多人上當，付出金錢與心力，去膜拜一些根本不存在的偶像，而獲利的卻又是誰呢？

更進一步說，現代社會中向錢看齊的媒體、唯利是圖的巨大企業、信口雌黃的政治人物，不也都聯合操弄著我們的信任與判斷力嗎？如果不能獨立思考，只是人云亦云地跟隨著他人起舞，我們又比故事中鮑君神廟裡的信徒與祝巫聰明多少呢？

嫉妒惡果易使人失去自我

如果別人擁有我們所沒有的東西，有什麼好怨的呢？只有對自己沒有自信的人，才會總是嫉妒「人有我無」。

嫉妒，是人類的七原罪之一，常常伴隨著愛與恨一起出現。

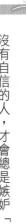

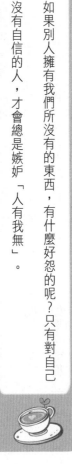

當我們得不到自己想要的事物，或是當我們所愛的人將他的愛分給別人時，這種情緒就會出現。它讓我們憤怒、不平，它使我們的心被負面的感情佔據，甚至因此扭曲變形。

有一對夫婦心胸都很狹窄，總愛為一點小事爭吵不休。有一天，妻子做了幾樣好菜，心想如果再來點酒助興就更好了，於是就到葡萄酒缸取酒。

妻子探頭朝缸裡一看，瞧見了葡萄酒中倒映出自己的影子。但她並未細看，一見缸中有個女人，就以為丈夫對自己不忠，偷偷把女人帶回家藏在缸裡。嫉妒和憤怒一下子沖昏了她的腦袋，只見她大聲喊著：「喂，你這個混蛋死鬼，竟然敢瞞著我偷偷把別的女人藏在缸裡面。你快過來看看，看你還有什麼話可說！」

丈夫聽得糊裡糊塗的，不知道發生了什麼事情，趕緊跑過來往缸裡瞧，但他看見的自然是自己的影子。他一見是個男人，也不由分說地罵起來，「妳這個壞婆娘，明明是妳帶了別的男人回家，暗地裡把他藏在酒缸裡面，反而誣陷我，妳到底安的是什麼心！」

「好哇，你竟然這樣說！」妻子又探頭往缸裡看，看見還是先前的那個女人，以為是丈夫故意戲弄她，不由得勃然大怒，指著丈夫說：「你以為我是什麼人，是任憑你哄騙的嗎？你，你太對不起我了……」妻子越罵越氣，舉起手中的水瓢就往丈夫扔過去。

丈夫側身一閃躲開了，見妻子不僅無理取鬧還打自己，也不甘示弱地還了妻子一個耳光。這下可不得了，兩人打成一團，又扯又咬，簡直鬧得不可開交，最後鬧到了官府。官老爺聽完夫妻二人的話，心裡頓時明白了大半，就吩咐手下把酒缸打破。

一個衙役掄起大鎚，一鎚下去，葡萄酒從被砸破的大洞流了出來。不一會兒，葡萄酒流光了，缸裡一條人影也沒有。

夫妻二人這才明白，他們嫉妒的只不過是自己的影子而已，心中很羞慚，互相道歉之後便和好如初了。

嫉妒會蒙蔽人的理智，會損害人的判斷力，因爲當我們憤怒、不平或心中充滿嫉妒時，很難再對事情做出正確的觀察與判斷，因而會進一步在憤恨中做出令自己後悔不已的決定或行爲。

我們應該都曾體會過這樣的情緒，就像這對夫妻一樣，將實際上並不存在的對象當做嫉妒的目標，爲了一些捕風捉影的猜忌傷害了自己與對方。

人都有七情六欲，也難免會有一些人性上的缺點，而嫉妒這種負面情感也是其中的一項。因爲對於金錢、名利、愛情……等等事物的執迷，我們會產生「人有我也應有」、「我獨有者人不能有」之類的想法，進而使負面情緒蒙蔽我們的理智。

放寬心胸吧！如果別人擁有我們所沒有的東西，有什麼好怨的呢？只有對自己沒有自信，對自己的好處與優點不了解的人，才會總是嫉妒「人有我無」。嫉妒對自己百害而無一利，我們可千萬要以這對夫妻爲借鏡。

道德的教化比法律更具力量

在法律之外，還有道德的約束，除了將犯了過錯的人當做犯罪者來看待，還有其他的思考方式比報復與賠償更具意義。

如果有一個人犯了罪，應該怎麼處置他？

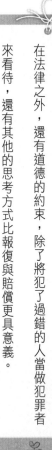

「法律」是我們最常想到的制裁方式，依法行事似乎也是最爲公平可靠的辦法。不過，法律它雖然力求公正公平，但卻是一種「外力的規範」，如果要讓人從內心改變，就需要用另一方面的力量。

東漢時期有個叫陳寔的人，是個飽學之士，品行端正、道德高潔，因此鄰近

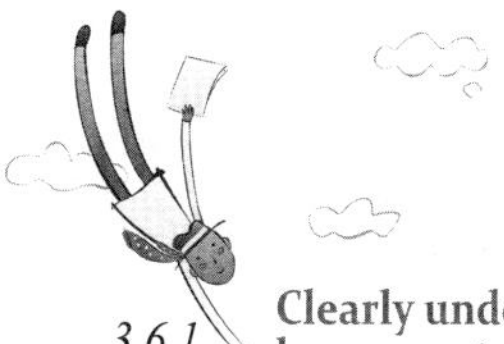

的人都非常敬重他。陳寔不僅做到自覺自律，對兒孫們的要求也相當嚴格，常常抓住各種場合和機會教育他們，而且他很注意教育方法，所以總能收到良好的效果。

有一年洪水氾濫，淹沒了大片村莊和良田，成千上萬的人無家可歸，流離失所。也因為這樣，盜賊四處橫行，天下很不平靜。

一天夜裡，有個小偷溜進了陳寔家裡，剛準備動手偷東西，忽然聽得幾聲咳嗽，似乎是有人來了。慌亂間，小偷一時找不到妥善的藏身之處，於是急中生智，順著屋內的柱子爬到大樑上伏下身子。

陳寔提著燈從裡屋出來拿點東西，偶然間一抬頭，瞥見了樑上的一片衣襟，心裡馬上明白家裡有賊。他一點都不驚慌，也不趕緊喊人來抓小偷，而是從容不迫地把晚輩們全都叫起來，將他們召集到外屋，然後十分嚴肅地說道：「孩子們，品德高尚是我們為人的根本，任何情況下，都應該對自己懷著高標準以及嚴格的要求，不能因為任何藉口而放縱自己走上歪路。有些壞人並不是天生就壞，而是因為不能嚴格要求自己，慢慢養成了不好的習慣，後來想改都改不過來，這才淪為壞人。比如家裡樑上的那位君子就是這種情況。我們可不能因為一時的貧困而丟掉志氣、自甘墮落啊！」

聽了陳寔的一番教誨，樑上的小偷吃了一驚，這才知原來自己早就被發現了。小偷羞愧難當，就翻身爬下樑來，向陳寔磕頭請罪說：「您說得太好了，我錯了，以後再也不幹這種勾當，求您寬恕我吧。」

陳寔和藹地回答道：「看你的樣子也不像是個壞人，必定是被貧窮所逼的吧。只要好好反省，要改還來得及。」說完，他吩咐家人取幾匹白絹送給小偷。小偷感激涕零，千恩萬謝地走了，從此以後改邪歸正，雖然日子過得辛苦，卻再也不敢動歪念頭。

在這個人吃人的現代社會，像陳寔這樣的行爲，可能會被某些人譏笑爲鄉愿。但現代法律主要的功用是懲罰，如果什麼都依法來處理，以「控告」及「賠償」做爲對犯罪者的警告，人與人之間的對抗情緒只會節節升高，對於整體社會風氣以及人與人之間關係的改善未必有用。

在法律之外，還有義理、道德等等的教化與約束，如果我們願意，除了將犯了過錯的人當做犯罪者、惡人來看待之外，其實還有許多其他的處理方式比報復與賠償更具意義。仔細想想他爲什麼犯罪？是否因爲有困難？如果能解決這些困難，是不是就不會再犯罪了呢？

像陳寔這樣，與人樹敵不如與人爲友，不但能得到對方的尊重，更幫助了一條受困的生命。

尤其面對一些心智年齡尚未成熟的人，用憎恨與嚴峻的法律對待他們之前，或許可以思考一下，什麼才是最適合的解決方法。

失去，也是一種必然的人生經驗

人生無常，在「得到」與「失去」之間，常常無法盡如人意。若不能學著好好接受「失去」，就無法用積極的態度面對一切。

你曾經「失去」過什麼嗎？

「失去」的感覺如何？是否很後悔、很不甘心、很難過、很不平衡？

失去是一種必然的人生經驗，作家卡夫卡在《日記》中提醒我們：「不必失望！恰恰在似乎一切都失去的時候，會友新的力量繼續給你支助。」

有一天，宋國人澄子發現他有一件黑布做的上衣不見了，可是想來想去，又實在想不起來自己把衣服丟在哪裡。

那件黑布上衣是他最喜愛的一件衣服，一想到自己心愛的上衣不見了，他非常著急，馬上就順著曾經走過的道路去尋找，希望能夠找到那件上衣。他一路上邊跑邊找，跑得汗流浹背，找得心焦氣躁，可惜的是，根本沒看見那件黑上衣的蹤影。

慢慢地，澄子丟失財物的心痛和惋惜漸漸化為氣憤和惱怒。他一邊走一邊琢磨，想著無論如何也要找到辦法來補救丟失一件上衣的損失。

想著想著，迎面走來一位婦人，身上恰巧穿著一件黑色的上衣。澄子看到這位身穿黑色上衣的婦人，就不由分說地將她一把抓住，一面拉扯那婦人的衣裳，一面狠狠地說道：「啊！剛才我丟失的黑衣原來在妳這裡！終於找到了！終於找到了！」

那位婦人怎麼也想不到，光天化日之下竟會遇到攔路行兇的事，被這突如其來的禍事嚇壞了。

她急忙護著自己的衣服，對澄子解釋道：「這件衣裳怎麼會是你的呢？這件上衣是我親手紡的線、織的布，親手剪裁、縫製做成的，它的長短、大小正合我的身材。雖然你丟的也是一件黑衣，但是並非我這一件呀！你怎麼能搶奪我身上的衣服呢？」

那位婦人的聲音顯得有些柔弱和哀憐，話中的一字一句使澄子心裡怔了一下。澄子心想如果把一個婦人的衣裳說成是自己的，強行扒下來後自己卻穿不上，豈不讓別人笑話嗎？

但是，他並沒有就此罷休，反而立刻轉移話題，氣勢洶洶地對那位婦人說：「我丟的是一件裡衣，而妳身上穿的這件是單衣。現在妳用一件單衣抵我一件裡衣，難道妳還不覺得佔了便宜嗎？」

這位宋國人在失去自己的黑衣之後，內心的情緒由心痛和惋惜，漸漸化爲一股氣憤和惱怒，一定會想：「爲什麼這種倒楣的事會降臨在我身上？爲什麼會是我？爲什麼不是別人？」

接著，因爲想要尋求補償的心態，心裡便想，「無論如何也要找到一種辦法

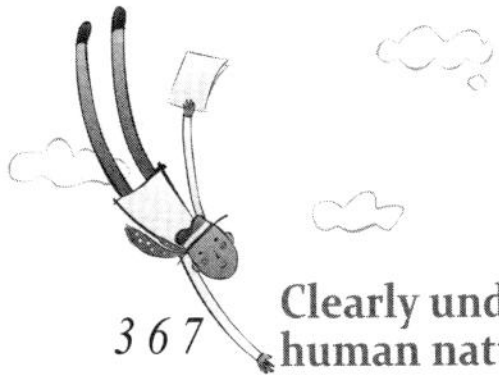

來補救遺失一件上衣的損失」。然後，他的行爲就漸漸失去理性的控制，到最後不但想搶奪他人的衣服，還強詞奪理，非要將他的「失去」化爲另一個人的「失去」才願意罷休。

這就是沒有辦法接受「失去」的人，面對這種打擊時展現出來的反應。人生無常，在「得到」與「失去」之間，常常無法盡如人意。我們若不能學著好好接受「失去」，就無法用健康而積極的態度來面對一切，也就會怨天尤人、憤憤不平地生活著，最終難免會被負面的情緒吞噬。

有好的糧食才能養成良馬

我們應該多方嘗試，尋找出適合自己的「心靈糧食」，無論如何，我們都不應該放棄讓自己的心靈更充實、更完滿的機會。

人的天分與稟賦是上天給我們的禮物，可能有多有少、有高有低，而且每個人擅長的領域也各有不同。

只是，一個人最後的成就，究竟是先天能力決定的？還是靠後天努力的呢？兩者哪個比較重要呢？

岳飛是位智勇雙全的大將軍，久經沙場、英勇善戰，當然對坐騎很重視也很了解，什麼樣的馬是好馬，什麼樣的馬不好，他一看便知。

有一次，宋高宗和岳飛談起馬來，問道：「你認為什麼樣的馬是好馬？良馬和劣馬的區別是什麼呢？」

岳飛想了想說：「我以前有兩匹坐騎，都是上好的馬。」

宋高宗問：「何以見得？」

岳飛說：「那兩匹馬的食量都很大，每天要餵幾擔草料，外加幾升豆子，還要選擇上好的精緻飼料，稍微差一點便不吃。除此之外，那兩匹馬喝的水也很講究，不清潔的泉水不喝。每次遛馬，先要給牠們配戴好馬鞍，然後放開韁繩，任牠們撒開四蹄，四處奔跑。起初牠們跑得並不快，但跑了百尺之後，會開始加速，越跑越快，三個時辰就能跑二百多里。長途奔跑之後，牠們顯得毫無疲勞之感，既不出汗，也不會氣喘，這就是好馬。」

宋高宗又問：「那麼不好的馬又怎樣呢？」

「不好的馬食量要小很多，就比如我現在的坐騎，每天只吃幾斤糧就足夠了，牠對食物的優劣、飲用水的質量都沒有什麼特別的要求。每次遛馬時，一騎上便能感覺這匹馬毫無精神，韁繩還沒放開，就懶洋洋地跑起來。跑不了幾十里，就氣喘吁吁，滿身大汗，一副疲憊不堪的樣子，這樣的馬當然算不上好馬。」

高宗說：「看來馬的好壞跟先天素質與飲食有很大的關係。」

岳飛道：「是的，好馬在飲食上要求多，而且食量很大，因此能有足夠的能量抵禦疲勞，有耐力、有後勁。至於劣質的馬吃不下很多飼料，身體素質就差，跑不了多遠就疲勞不堪。如同人一樣，裝進頭腦裡的知識越多，人就越有智慧，越聰明。」

良馬需要更多、更精緻的飼料轉化成能量，同樣的，我們也要留意自己對智慧與知識的攝取，爲自己提供足夠的心靈糧食。

天賦如何是上天給予的，但是後天的努力與培育，才是決定自己才幹與內涵的關鍵，更是能否獲得成功的決定性因素。

如果給的飼料不足，品質又差，那麼即使是天生的良馬，能力也會受到極大的限制，變得跟普通馬甚至劣馬相同，這豈不是白白浪費了嗎？

如果我們不懂得培養自己的知識與智慧，不懂得爲自己補充更多心靈的食糧，那麼才能的種子也很難開花結果。

我們應該多方嘗試，尋找出適合自己的「心靈糧食」。有些知識存在於書本上，有些則否；有些需要我們用心去體會、去感覺，有些則必須經過一番沉澱與思考後才能得到。無論如何，我們都不應該放棄讓自己心靈更充實、更完滿的機會。

以為高人一等，無法讓人賣命

如果領導者不以高標準要求自己，不與其他人一起胼手胝足，那麼這個團體的成員又怎麼能不生二心？

試想與一群人一起做一番事業，什麼事情是最重要的呢？

答案是，彼此間不分你我高下、不論身分貴賤，一起攜手合作，同甘共苦，同心奮鬥。

那麼，何謂同甘共苦？先來看看田單的例子。

田單是齊國大將軍，有一次，要率領部隊去攻打狄國。臨行前，他向魯仲連請教對這次戰爭的看法。

田單問魯仲連：「我準備帶兵攻打狄國，先生認為此行結果會如何？」

魯仲連搖搖頭說：「恕我直言，此次出擊，不會順利。」

田單聽到此話，雖然心中不快，卻依然心平氣和地問：「此話怎講？」

魯仲連說：「將軍此次一定不能攻克城池。」

田單反問：「上次即墨攻防戰，我用的都是一些老弱殘兵，尚且能打敗千軍萬馬的燕國，收復齊國的失地。這一次只攻打如此小的一個狄國有什麼難的呢？」說完，也不向魯仲連告辭就拂袖而去。

後來，田單率兵出發攻打狄國，但一連苦戰了三個多月，誰贏誰輸仍然不見分曉。此時，田單的隊伍已經人困馬乏、精神萎靡、士氣低落。

有一天，田單坐在軍帳內，心中無比煩悶。

他越想越坐立不安，最後決定還是去請教一下魯仲連。

田單想起當初魯仲連曾說過自己一定攻不下狄國的先見，心裡對魯仲連明確的判斷驚異不已。因此，他誠心誠意地問魯仲連：「先生，請原諒我上次的無禮，您的預言果然不錯，出征直到現在有三個月了，我軍還是無法獲勝，請指點這究竟是為什麼？」

魯仲連說：「防專即墨大敗燕軍，是為收復家園而背水一戰，你和士兵們都士氣高昂。此次出征卻已不同以往，你現在金錢封地樣樣俱全，已經習慣當個高高在上的大將軍，又如何激發全軍士氣呢？」

田單聽了魯仲連的話心服口服，回到軍營後馬上改變作風，和士兵同甘共苦，鼓舞士兵士氣，果然很快就攻下了城池，打敗狄國。

如果有一群人準備共創一番事業，不論是合資經營、研究、調查或是創作，只要這件事是必須要以「團體」的形式進行，那麼所有成員就要有同甘共苦的決心。若是有人自外於團體，享受其他人無法享受的特權和待遇，又憑什麼要求其他人賣命呢？

如果領導者不以高標準要求自己，不與其他人一起胼手胝足，這個團體的成員又怎麼能不生二心？即使被迫合作，也一定會非常不情願吧？

田單是一個非常有領導才能的人，精明如他，同樣會犯下這種錯誤。他以爲有了前一次的成功經驗，這次一定也是勝券在握，因而失去了先前那種上下一心，共同爲收復家園而背水一戰的決心。

我們不得不說，權力的變化使人傲慢、使人腐化，更會由根部腐蝕一個本來團結一心的群體。如果必須進行團體協力的工作，便要特別留心收斂這種高高在上的態度。

嘲笑別人之前先看看自己

對他人的缺點放大處理，並加以嘲弄取笑，那自己又如何呢？不就正像那逃跑了五十步卻笑逃跑一百步的士兵一樣嗎？

有句話說：「嚴以律己，寬以待人。」

意思是，要以較高的標準要求自己，至於對別人的評判，則要用比較寬鬆、圓融的態度來處理。這樣一來，自己才能更加精進，也比較容易看到別人的優點，向他人學習自己不足之處。

不過，現實生活中有許多人恰好背道而行，寬以律己，嚴以待人，還一味抱怨別人爲什麼都不了解自己的一片苦心。

戰國時代的梁惠王喜好與鄰國打仗，常常大動干戈，百姓苦不堪言。

有一次梁惠王召見孟子，問道：「我對於國家的治理，可說盡心盡力。比如，如果河西發生災荒，收成不好，我就把那裡的一部分老百姓遷移到收成較好的河東去，並把河東地區的一部分糧食運到河西來，這樣就不至於使河西地區的老百姓在災荒時期因糧食短缺而餓死。如果河東遇上災年，糧食歉收，我也會採取同樣的做法，把其他地方的糧食調運到河東，解決老百姓的燃眉之急。當然，我也十分注意鄰國當政者的做法，看他們是如何為老百姓排憂解難的，但至今我沒有發現哪一個國君能像我這樣盡心盡力替老百姓著想。然而，讓我感到吃驚的是，目前為止，鄰國的百姓沒有減少，我國的百姓也沒有增多，這究竟是什麼原因造成的呢？」

孟子回答說：「既然大王喜歡打仗，我就用打仗來打個比方吧。戰場上，兩軍對壘，戰鬥一開始，戰鼓咚咚作響，作戰雙方都士氣飽滿，兩方短兵相接，奮勇殺敵。然而，經過一場激烈的拚殺後，雙方由於士兵體力的消長、作戰指揮的得當與否、天時地利的優劣不同而出現了明顯的勝敗跡象。這時，勝方士兵必定會乘勝追擊，窮追猛打，欲置對方於死地，而敗方士兵見已無取勝把握，為不至於戰死或者就擒，便只能謀求保命了，於是有人丟盔棄甲，拖著兵器逃跑。在逃跑的士兵中，有的跑得很快，跑了一百步才停下來了；有的跑得慢，跑了五十步便停下來了。這時，跑得慢的士兵就會嘲笑那些跑了一百步的士兵是膽小鬼，您認為這種嘲笑是對的嗎？」

梁惠王說：「當然不對，他們只不過沒有跑得那麼快罷了，但是這同樣也是臨陣脫逃啊！」

孟子說：「大王如果明白了箇中道理，那麼就無須再希望您的國家的老百姓要比鄰國多了。」

孟子的話說得有些婉轉，事實上，像梁惠王這樣頻頻發動戰爭導致生靈塗炭的人，是沒有什麼資格談愛民的，他那些對災民的種種體貼措施所挽救的生命，恐怕還遠不及發動戰爭而送命的冤魂。

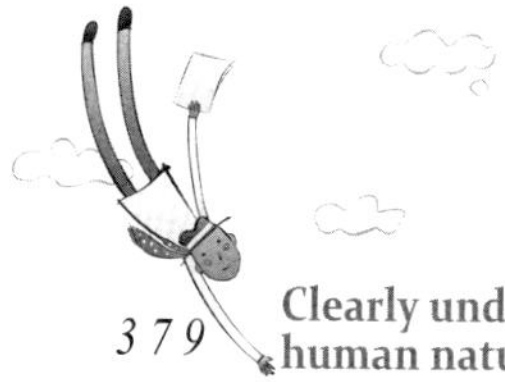

梁惠王卻不明白這一點，以爲對荒災居民的德政就已經值得受到人民愛戴，卻完全不認爲兵禍之災會影響人民的生活，實在太天眞了。

對於自己的行爲沒有自知之明，是這類人最常犯的毛病。他們可能可以看見他人細如蠅頭的錯誤，卻看不見自己的缺失。對他人的缺點放大處理，並加以嘲弄取笑，那自己又如何呢？不就正像那逃跑了五十步卻笑逃跑一百步的士兵一樣嗎？憑什麼自認爲比他人高明呢？

改變你的心境，就能改變環境

Change for the better

把逆境變成順境的心境調整法

黛恩——編著

泰倫底馬斯說：

「你可能做不到你想做到的一切，但是，你絕對可以做到你希望做到的一切。」

我們經常會為自己做不到的事情找藉口，但是與其為這些無法改變的事實鑽牛角尖，還不如改變自己的心境，把一切的不如意，當成是老天給自己的禮物，才能為自己所面臨的困境找到出口。

換一種文明的方式去罵人

罵人不必用髒話 全集

全新增訂典藏版

The Art of Cursing

荷姆斯曾經寫道：**「誇人只需要舌頭，罵人卻需要智慧。」**
的確，鐘的完美不在於走得快，而在於走得準確；罵人的話不在於髒，而是在於是否切中被罵人的要害……

巴克斯特曾經說過：**「當你無法使所有東西都保持乾淨時，也不必弄髒任何東西。」**
這句話告訴我們，當你不得不開口罵人時，不一定要口出惡言，因為，最厲害的罵人方式，是只說幾句乾淨的話，卻能讓它發揮最「髒」的功用。

做人靠智慧

活用智慧，才能為自己創造更多機會

做事靠謀略

Be Human by Wisdom

Thick Black Theory is a philosophical treatise written by Li Zongwu, a disgruntled politician and scholar born at the end of Qing dynasty. It was published in China in 1911, the year of the Xinhai revolution, when the Qing dynasty was overthrown.

全新增訂版

莎士比亞曾經如此說道：

「才華智慧如不用於有用的地方，
便和庸碌平凡毫無差別。
造物者是個精於計算的女神，
她把給予世人的每一分才智，
都要受賜的人感恩，善加利用。」

確實如此，做人做事多一點心眼，才會多一點勝算，不管做什麼事，事先都要有周密的計劃和盤算。

一般人之所以失敗，多半是由於做人太過單純，思想太過僵化，不懂得權謀變通。

做人靠智慧，做事靠謀略，想要在人生戰場獲勝，就要把心機用在最恰當的時機。

要是只會死守教條，腦袋不懂得轉彎，永遠只會讓別人騎在自己頭上。

Thick Black Theory is a philosophical treatise written by Li Zongwu, a disgruntled politician and scholar born at the end of Qing dynasty. It was published in China in 1911, the year of the Xinhai revolution, when the Qing dynasty was overthrown.

金澤南 編著

USE THE WAY OF SPEAKING AN
CHANGE THE THOUGHTS OF THE OTHER PERSC

活用說話方法

和別人打交道，一定要掌握說話訣

改變對方的想法

法國哲學家拉布呂耶爾說：
「有時候，談話的妙處並不在於表達自己的想法，而是在引發別人的想法，讓他主動接受自己的觀點。」

深諳說話的藝術，人與人之間就可以在融洽愉悅的氣氛中，交流彼此的想法和看
有時候，你和對方並沒有交集，但是，透過巧妙的說話技巧，
卻可以讓彼此敞開胸懷，順利達成自己的目的。
想提昇自己的競爭力，和別人打交道，一定要掌握說話辦事的訣竅。

陶然 編著

智謀經典

18

做人要藏心，做事要留心

作　　者　王　渡
社　　長　陳維都
藝術總監　黃聖文
編輯總監　王　凌
出 版 者　普天出版家族有限公司社
新北市汐止區康寧街 169 巷 25 號 6 樓
TEL / (02) 26921935 (代表號)
FAX / (02) 26959332
E-mail：popular.press@msa.hinet.net
http://www.popu.com.tw/
郵政劃撥 19091443 陳維都帳戶
總 經 銷　旭昇圖書有限公司
新北市中和區中山路二段 352 號 2F
TEL / (02) 22451480 (代表號)
FAX / (02) 22451479
E-mail：s1686688@ms31.hinet.net
法律顧問　西華律師事務所・黃憲男律師
電腦排版　巨新電腦排版有限公司
印製裝訂　久裕印刷事業有限公司
出 版 日　2020 (民 109) 年 1 月第 1 版
ISBN◉978-986-389-702-6　　條碼 9789863897026

國家圖書館出版品預行編目資料

做人要藏心，做事要留心／
王渡著.—第 1 版.—：新北市,普天出版
民 109.01 面； 公分. - (智謀經典；18)
ISBN◉978-986-389-702-6 (平裝)

普 天 之 下 · 盡 是 好 書

普天出版家族
Popular Press Family

凌雲文創
A-Plus Creative Company